William Bloom • Naturgeister und Devas

William Bloom

Naturgeister und Devas

Ihr Wirken im täglichen Leben

Aquamarin Verlag

1. Deutsche Auflage 2001

Voglherd 1 • D-85567 Grafing

Titel der Originalausgabe:
Working with Angels, Fairies and Nature Spirits

Published by Arrangement with Judy Piatkus (Publisher) Ltd.
Dieses Buch wurde vermittelt durch die
Literarische Agentur Thomas Schlück GmbH, 30827 Garbsen.

Übersetzung aus dem Englischen von
Dr. Edith Zorn

Titelbild: Petra Arndt
Umschlaggestaltung: Annette Wagner

Druck: Bercker • Kevelaer
ISBN 3-89427-178-7

Inhalt

Einführung ... 11

1. Unsere geistige Welt - Wirklichkeit oder Illusion? ... 15

2. Der Weg nach innen und seine Bedeutung ... 31

3. Eine persönliche Reise ... 41

4. Unsichtbare Begleiter durch das Universum ... 59

5. Einen Deva spüren ... 85

6. Einstimmung und Handeln ... 101

7. Enger mit den Naturgeistern zusammenarbeiten ... 117

8. Heilung ... 137

9. Mit Engeln arbeiten, die der Menschheit helfen ... 161

10. Die Zukunft ... 181

Für Sabrina Dearborn

In gewissen erleuchteten Augenblicken wird die Wirklichkeit der Welt sichtbar, und ihre Herrlichkeit so magisch, dass du laut herausschreien musst, was du von ihren Wundern sehen kannst.

JOHN MASEFIELD

Ich schäme mich nicht, dir zu sagen, was gesagt werden sollte – dass ich unter der Führung himmlischer Boten stehe, Tag und Nacht.

WILLIAM BLAKE, THE JERUSALEM

Ich bin eine kleine Welt, geschickt gemacht
Aus Elementen und einem Engelwesen.

JOHN DONNE, HOLY SONNETS

Danksagungen

An alle Schüler meiner Kurse, die auch meine Lehrer waren. An Frances Howard-Gordon, die mich auf den ersten Stufen dieser Reise begleitet hat. An die Findhorn Foundation, wo ich lehren und experimentieren durfte. An Sabrina Dearborn für die vielen Unterhaltungen, ihre Inspiration und Überprüfung. An meine Mutter, Freddy Bloom, eine heimliche Animistin. An Liz Puttick, meine Agentin, für ihre Ermutigung und sehr hilfreichen Vorschläge beim ersten Entwurf. An Gill Cormode bei Piatkus, der alle Erwartungen mit weisen und inspirierenden Vorschlägen für die Herausgabe übertraf. An Esther Jagger, die mich ebenfalls zu einem besseren Manuskript stupste und an der Herausgabe mitwirkte; und Mel Harrison, der für eine entspannte und freundliche Atmosphäre sorgte.

Und an alle Geister, die mich gelehrt und begleitet haben.

Einführung

Ich möchte mir gleich zu Beginn etwas von der Seele reden. Vielleicht fühlen Sie genauso wie ich. Ich hatte genug davon, für einen Sonderling gehalten zu werden, weil ich an die Existenz von Geistwesen und Engel glaube und mit ihnen arbeite. Es gibt sie tatsächlich, was wichtig für uns ist. Ich bin auch die Dinge leid, die man über Engel schreibt und erzählt, die in keinerlei Bezug zu unserer Umwelt sowie zu den gesellschaftlichen und psychologischen Gegebenheiten stehen. Das Engelreich besitzt eine Schönheit, die uns im Alltag inspirieren und nicht der wirklichen Welt entrücken soll.

Die Welt der Engel existiert. Sie ist Teil der Natur und des Universums. Sie gehört zur Herrlichkeit der Schöpfung. Dies zu wissen, spielt sowohl für die sozialen Schwierigkeiten und Umweltprobleme eine wesentliche Rolle als auch für das dynamische Bedürfnis jedes Lebensaspekts, sich selbst zu erfüllen. Niemand braucht sich zu schämen, weil er die Wirklichkeit der Engel begreift und mit ihr lebt.

Der Sinn dieses Buches liegt darin, über die Natur dieser Wesen zu sprechen, wie wir mit ihnen arbeiten und von ihnen lernen können und warum und wie sie ihrerseits mit uns zusammenwirken. Ich möchte diese mystische Erfahrung mit Aspekten der Logik und des gesunden Menschenverstandes verbinden. Ich möchte auf der Ebene der Gedanken, der Vorstellung und des Handelns Brücken zwischen den beiden Welten bauen, zwischen uns Menschen und den Wesen der geistigen Welt.

Denjenigen Lesern, die diese Dimension bereits erfahren, spüren oder an sie glauben, möchte ich mehr Klarheit verschaffen und ihre Erfahrung vertiefen. Anderen, die um diese Dimension wissen, weil sie sich für die

Mythologie, Archetypenlehre und Anthropologie interessieren, möchte ich eine logische Erklärung geben, welche die rationale, linke Gehirnhälfte von der tatsächlichen Existenz dieser Wesen überzeugt. Ich hoffe, mit vorliegendem Buch jedem, der für dieses Gebiet aufgeschlossen ist, jene Welt verständlich machen und ihm eine praktische und sachliche Hilfe an die Hand geben zu können.

Es ist ein praktisches Buch, das über eine praktische Zusammenarbeit mit den Geistwesen spricht. Ich beschreibe nicht etwas, das sich nur in der menschlichen Vorstellung abspielt. Der Aufbau ist einfach. Die ersten Kapitel handeln ganz allgemein vom Wesen der Engel und Naturgeister und davon, wie wir sie erleben und mit ihnen zusammenarbeiten können. Außerdem füge ich einige meiner eigenen Erfahrungen hinzu. Im weiteren Verlauf wird das Verständnis vertieft und eine Reihe von praktischen Übungen gegeben, die zum persönlichen Erleben führen sollen.

Vor fast dreißig Jahren habe ich begonnen, mich mit diesem Gebiet zu beschäftigen und Workshops darüber abzuhalten. Dieses Buch ist also nicht nur das Ergebnis meiner eigenen Erfahrungen, sondern basiert ebenfalls auf den Erfahrungen anderer Menschen, an deren Lern- und Aufklärungsprozess ich teilnehmen durfte.

Einmal wies ich bei einem Lehrgang über geistige Praktiken die Teilnehmer darauf hin, mit den unsichtbaren Geistwesen zusammenzuarbeiten. Unter anderem beschrieb ich auch, wie man einen Hausgeist – einen Engel des Hauses – herbei bitten kann, um die häusliche Atmosphäre freundlicher zu gestalten. Ein Laut des Erstaunens ließ mich aufschauen. Ich blickte in das lächelnde Gesicht eines Japaners, der den Kopf schüttelte.

„Ich weiß das alles!“ rief er aus. „Meine Mutter und meine Großmutter haben das immer gemacht. Auch mein Großvater. Viele Leute in Japan tun das, und ich musste nach London kommen, um daran erinnert zu werden!“

Wir leben in einer Zeit, in der sich unsere Überzeugungen verändern. Als der Westen vor zweihundert Jahren mit der Industrialisierung begann und anfing, „modern“ zu werden, entledigten wir uns mit Recht des Aberglaubens und der religiösen Manipulation, törichterweise aber auch vieler echter, geistiger Wahrheiten, die nicht in das wissenschaftliche Konzept der Lebensdeutung hineinpassten. Das tiefe Wesen religiösen Volkstums ist wahr, schön und schöpferisch, auch wenn es sich wissenschaftlich nicht belegen lässt. Elfen, Musen, Engel und ähnliche Wesen, die auch unter dem Begriff Devas zusammengefasst werden, gehören dazu.

Obwohl sich Japan nach außen hin als kultivierte, technisch gesehen westliche Gesellschaft zeigt, hat sich dieses Land seine Verbindung zu solchen Geistwesen bewahrt. Die Familie des Japaners in meiner Klasse führte jeden Tag ein kurzes Ritual durch, mit dem sie ihren Hausengel herbeirief und ihn begrüßte. Dabei handelt es sich keineswegs um eine Ausnahme. Derartige Zeremonien finden wir in zahlreichen Kulturen überall auf der Welt. Bevor sie ihren Tag beginnen, zünden die Menschen eine Kerze an oder bringen dem Geist des Hauses ein Opfer dar, um seine Anwesenheit zu erbitten. Dadurch wird die Harmonie im Haus gefördert. Die Atmosphäre verändert sich tatsächlich.

Einfach innezuhalten und einen hilfreichen Geist herbeizurufen, kann in jeder Lebenslage geschehen. Diese Geistwesen bringen praktische Vorteile - seelisches Wohlbefinden, ein stärkeres Empfinden für die Schönheit des Lebens und eine beschwingtere Atmosphäre für schöpferische Tätigkeiten und ausgezeichnete Leistungen. Ob wir sie nun einladen oder nicht, ihre Gegenwart anerkennen oder nicht, es gibt sie in jedem Fall und sie sind überall zu finden.

Diese Dimension zu verstehen und mehr noch, sie zu erfahren, bedeutet eine Bereicherung unseres Lebens auf zahlreichen Ebenen – zu Hause, bei der Arbeit, beim Gärtnern, im Geschäft, in der Kunst, in unseren Beziehungen, im geistigen und heilerischen Bereich sowie auf dem Gebiet inneren Wachstums.

Meine persönliche Erfahrung mit Engeln und Naturgeistern und meine Zusammenarbeit mit ihnen haben mir Trost, Inspiration und Freude geschenkt. Ihnen wünsche ich die gleichen Segnungen und noch viele mehr!

1

Unsere geistige Welt - Wirklichkeit oder Illusion?

In jedem Kulturbereich und in jedem Zeitalter hat es Menschen gegeben, die die Bedeutung der geistigen Wesen erkannt, gespürt und verstanden haben. Je weiter wir uns heutzutage von den städtischen Zentren der Zivilisation entfernen, desto eher begegnen wir Menschen, die Naturgeister und Engel als selbstverständlich betrachten. Für viele Gemeinden an der Westküste Irlands ist die Feenwelt eine Tatsache. Ich erinnere mich an einen stämmigen, rauhen Bauern, der jahrelang für die Londoner Untergrundbahn gearbeitet hatte und der gelegentlich über die Zwerge sprach. Ein Bier in der Hand, hätte er ebenso gut über Fußball oder landwirtschaftliche Maschinen reden können.

Es gibt ein reiches Schrifttum auf dem Gebiet der Mythologie, Anthropologie und Volkskunde, in dem man diese Wesen ganz und gar dem Bereich der menschlichen Psyche zuordnet. Kühn wird erklärt, dass Engel und Naturgeister natürlich keine Wirklichkeit sind, sondern Schöpfungen der menschlichen Vorstellungskraft.

Zur Zeit der vorletzten Jahrhundertwende schrieb, um ein Beispiel zu nennen, der Anthropologe Professor Sir John Rhys bezeichnenderweise in "Celtic Folklore, Welsh and Manx", dass die Elfen ihren Ursprung in den Dämonen und Gottheiten nehmen, „mit denen die blühende Phantasie unserer Ahnen die Seen und Ströme, Buchten, Bäche und Flussmündungen bevölkerte". Diese Aussage spiegelt die allgemeine Einstellung der Anthropologen mit ihren Stammesstudien und die übliche Ansicht der Historiker wider, die klassische Kulturen, wie die der alten Griechen oder Römer, betrachten. Die unsichtbaren Wesen einer parallel verlaufenden Welt, die Götter und Göttinnen, Engel und Naturgeister, sind für diese Gelehrten nichts weiter als die Schöpfungen eines phantasievollen Geistes. Und das trotz der zahlreichen Erfahrungen.

Der Mythologe Joseph Campbell weist im ersten Band seiner Reihe "The Masks of God" darauf hin, dass man eine verblüffende Entdeckung machte, als man im achtzehnten und neunzehnten Jahrhundert begann, die anthropologischen Forschungsergebnisse von überall auf der Welt zusammenzustellen. Die Annahme, bei dem Auftreten von Naturgeistern und Engeln handelte es sich nur um vereinzelte Vorkommnisse, musste widerlegt werden, da es sich als ein weltweites Phänomen herausstellte. Dennoch haben Akademiker, wie Anthropologen, Soziologen und Psychologen, die Möglichkeit, dass diese Wesen tatsächlich existieren, weitgehend zurückgewiesen.

Die vorherrschende Psychologie betrachtet alles, was mit den „inneren" Welten zu tun hat, als eine Schöpfung des biologischen Gehirns. Wenn jemand die Engel auch nur erwähnt, wird ihm sofort unterstellt, dass er eine psychiatrische Behandlung braucht. Der schwedische Volkskundler C.W. von Sydow stellte sogar die Theorie auf, dass es sich bei der westlichen Vorstellung von Engeln, Elfen und Naturgeistern um „Kreaturen erotischer Träume und Halluzinationen" handelt. Aus welchem anderen Grunde sollten sie denn solch wunderschöne Gliedmaßen und wohl gerundete Brüste haben? Warum tragen sie verführerisch durchsichtige Gewänder? Lewis Spence äußert in "British Fairy Origins" die Vermutung, dass sie „Zeugnis einer primitiven, erotischen Einstellung zu übernatürlichen Wesen" seien.

Maureen Duffy zitiert in "The Erotic World of Fairy" aus einem elisabethanischen Schauspiel:

Ioculo: „Ich bitte dich, mir deinen Namen zu nennen, mein hübscher kleiner Bursche.

Dritter Elf: „Ich heiße kleiner, kleiner Pricke...
Wenn ich ein kleines Mädchen schlafend finde,
Gucke ich ihm unter den Rock, um dort herumzutollen und zu spielen.
Und dann beiße ich sie wie ein Floh."

Die wohl bekannteste Sammlung von Geschichten über die Welt der Naturgeister sind "Grimms Märchen". Und genauso werden sie auch betrachtet. Wenn wir von „Märchen" sprechen, denkt man gewöhnlich an eine Geschichte über etwas, das es in Wirklichkeit nicht gibt.

Handelt es sich bei dem Ganzen tatsächlich nur um ein Produkt menschlicher Vorstellungskraft? Sicherlich sprechen wir hier von jenem Bereich, mittels dessen sich der Geist etwas vorzustellen vermag, was den Weg ebnet, die Wesen der inneren Welt zu spüren und mit ihnen Verbindung aufzunehmen, doch diese Wesen sind keinesfalls die Widerspiegelung eines naiven Geistes.

Die Annahme, dass die zahlreichen klassischen, mystischen und stammesgebundenen Kulturen, die an Naturgeister glaubten, sich nur etwas vormachten und lediglich mit psychologisch bedingten Einbildungen arbeiteten, hat etwas schrecklich Herablassendes und Engstirniges an sich. Ohne Feuer gibt es keinen Rauch. Die überall verbreitete Erfahrung mit den inneren Welten weist auf eine Wirklichkeit hin, die nicht einfach abgetan werden kann.

Die Gegenwart von Schutzgeistern

Wir leben in einer Welt, die uns nicht dazu erzieht, diese unsichtbaren Wesen als wirklich zu betrachten. Trotzdem, die zynischsten Materialisten verspüren oft eine magische Gegenwart in Verbindung mit einer Pflanze, einem Baum, einem Fluss, einem Wasserfall, einem Berg oder irgendeinem anderen Aspekt der Natur.

„Ich wollte es niemandem erzählen", berichtete mir einmal ein Bauarbeiter, „aber ich habe ganz deutlich etwas gespürt. Ich arbeitete im Garten, und da war etwas, irgendein Wesen, aber ich wollte nichts sagen, damit man nicht von mir denken sollte, ich sei nicht ganz richtig im Kopf."

Weniger befangen berichtete der Forscher Sir Francis Smythe, der den Mount Everest bestieg, dass er spürte, wie ihn eine Wesenheit auf der letzten Etappe seines Weges begleitete. „In ihrer Begleitung konnte ich mich weder einsam fühlen noch Schaden nehmen. Sie war immer da, um mich auf meinem Alleingang, die schneebedeckten Steinplatten hinauf, zu halten." Wie der irische Dichter AE (George Russell) schrieb: „Die goldene Welt der unsichtbaren Wesen umgibt uns... Die Schönheit steht uns allen offen, und niemand, der sich ihr zuwendet und sie sucht, wird ausgeschlossen."

Auch Künstler und Mystiker bewegen sich von Natur aus am Rande der Zivilisation und fühlen oft eine tiefe und bedeutsame Verbindung zum Reich der Engelwesen. Englands bekannteste mystische Dichterin des zwanzigsten Jahrhunderts, Kathleen Raine, hat sich sehr offen über ihre Beziehung zu ihrem Engel geäußert, ihrer Muse, die sie als „Schutzgeist" bezeichnet. „Ich kann mich nicht erinnern", schrieb sie einmal, „mir der Gegenwart meines Schutzgeistes nicht bewusst gewesen zu sein." Ihr Verhältnis zu ihm beschreibt sie auch in ihrer Dichtkunst:

> Vor langer Zeit glaubte ich, du seiest jung, strahlender Schutzgeist,
> Als du mir ins Ohr geflüstert hast...
> Aber nun, da der Lebenszyklus wieder ausschwingt,
> Sehe ich, wie alt du warst;
> In Anbetracht der Ewigkeit, älter als ich, die ich, ergraut,
> Geschwächt vom Lesen der Bücher,
> Jene tiefgründigen Erinnerungen niemals erfassen kann,
> Deren Bote du bist,
> Beginn für Jung und Alt...

Jeden Tag empfinden viele Menschen die Nähe einer anderen Welt und haben das sichere Gefühl, einem Engel oder einem Geistwesen begegnet zu sein. Im Laufe der letzten Jahre hat es eine Anzahl von beliebten Büchern, Filmen und Fernsehprogrammen zu diesem Thema gegeben. Eine der bekanntesten Serien des amerikanischen Fernsehens trägt den Namen "Touched by an Angel". Die einzelnen Episoden berichten von Menschen, die sich in einer verzweifelten psychischen Lage befinden und denen eine kleine Gruppe von Engeln hilft.

Meine Lieblingsgeschichte dieser Art stammt von Freunden, die in einem abgelegenen Waldgebiet zelteten. Gegen drei Uhr morgens wurden sie von einer Stimme geweckt, die sie aufforderte, aus ihren Schlafsäcken zu kriechen und das Zelt an einem anderen Platz aufzuschlagen. Die Aufforderung war so eindeutig, dass sie ihr trotz der damit verbundenen Mühen Folge leisteten. Im Morgengrauen stürzte ein riesiger Eisenholzbaum genau an jener Stelle nieder, an der das Zelt zuvor gestanden hatte.

Natürlich kann man einen solchen Vorfall zu den Märchen rechnen, die für den Skeptiker keine Bedeutung haben. Aber wieviele solcher Geschichten müssen noch erzählt werden, ehe der Skeptiker aufhorcht?

Die Notwendigkeit, den Unglauben zu beseitigen

Die Erfahrung von Geistwesen beruht nicht auf einer elektrischen Kommunikation zwischen den Gehirnzellen. Diese Wesen leben in ihrer eigenen Dimension, die ebenso Wirklichkeit ist wie unsere Dimension, in der wir existieren. Und sie verbinden sich unsichtbar, aber eng mit der Welt, die wir sehen, berühren und fühlen können. Viel zu viele Menschen erleben diese andere Welt immer wieder in sehr wirklicher und erfreulicher Weise, als dass man sie als nicht existent bezeichnen könnte.

Diejenigen, die sich einfach nicht überzeugen lassen, mögen sich an den Empfang erinnern, den man im Mittelalter den Reisenden bereitete, die aus China nach Venedig zurückkehrten. Zunächst glaubte man ihren Berichten nicht. Die Venezianer und die Europäer vertraten allgemein die Ansicht, dass nur sie allein in einer zivilisierten Welt lebten und glaubten sich besonders als Christen auf dem Höhepunkt kultureller Einmaligkeit. Die Reisenden aus dem Osten aber erzählten von einer hervorragenden Zivilisation mit wunderbaren Gebäuden, wissenschaftlichen Errungenschaften und einem sozialen Niveau, das sich der Westen nicht einmal hätte träumen lassen. Alles traf natürlich zu, aber die engstirnigen Europäer konnten nicht glauben, dass eine solche Kultur existierte. Erst als mehrere andere Reisende, die aus China zurückkamen, das Gleiche erzählten, schenkte man den Berichten Glauben.

Wieviele Leute müssen denn noch von der Wirklichkeit des Engelreichs berichten, damit die heutigen Menschen ihm aufgeschlossen gegenüber treten?

Wiederverzauberung - Von den Stammeskulturen lernen

Heutzutage sind sich zahlreiche Menschen der Notwendigkeit bewusst, unserer Kultur einen erneuten Zauber zu verleihen, ein Gefühl für ihr Geheimnis und ihre Magie wiederzuerlangen, was zu einer gesunden Gesellschaft und einem gesunden, schöpferischen Leben gehört. Der Geist der modernen Wissenschaft und Technik lässt sich nicht leugnen, aber wir müssen uns auch wieder auf die Tiefe, Vielfältigkeit und Schönheit des menschlichen Lebens zurückbesinnen und es schätzen lernen. Dann gelangen wir zu einem ausgeglicheneren Verhältnis zur Welt – einer Beziehung, in der es Neugierde, Achtung und Dankbarkeit gibt. Dies ist die Voraussetzung für die Schaffung einer gesunden Umwelt und einer vernünftigen Ökologie. Außerdem dient es einer Gesundheit im übertragenen Sinne – bietet sozusagen die Nahrung für Körper und Seele.

Wenn wir uns neu verzaubern lassen, können wir unser Gefühl für das Leben und das Bewusstsein wiedererlangen, das in allem wohnt – Fels, Pflanze, See, Tier, Berg, Planet und Kosmos. Es ist nicht so schwierig, das durch die Natur sprühende und spielende innere Leben zu spüren.

Zu dieser inneren und unsichtbaren Dimension gehört auch die Welt der Geister, die mit jedem Lebensaspekt verbunden sind, auch mit den Gedanken und Handlungen des Menschen. Es ist die Wiedergeburt der natürlichen Religion des Animismus, das heißt, das Leben und den Geist in jedem einzelnen Aspekt der Natur und des Universums anzuerkennen und zu achten.

Kleine Stammesgemeinschaften, die im Einklang mit der Natur leben, glauben fast ausnahmslos an Geistwesen, die alle Aspekte der Natur beleben. Diese Überzeugung finden wir bei den Eingeborenen der Regenwälder des Amazonas, in den Ebenen Nordamerikas und in den sibirischen Steppen, in der eisigen Wildnis der Arktis, in der afrikanischen Savanne und tief in der australischen Wüste. Für alle diese Menschen haben Pflanzen, Wälder und andere Orte einen Geist, den man ehren soll. Aus diesem Grunde führen sie regelmäßig Zeremonien durch, bei denen diesen Geistern Gaben dargebracht werden. Wenn die Eingeborenen Amerikas die Friedenspfeife rauchen, wird dabei stets etwas Tabak dem Geist des Ortes dargeboten. Der in den westlichen Ländern übliche Brauch, Münzen in eine Quelle oder einen Brunnen zu werfen, ist eine moderne Form der Achtung vor solchen Geistern. Genauso werden manche von uns nicht jemanden besuchen, ohne ein Geschenk mitzubringen.

In den einzelnen Stammesgemeinschaften gibt es besondere Mitglieder, die Schamanen, wie sie von den modernen Berichterstattern manchmal genannt werden, deren Aufgabe darin besteht, mit diesen Geistern in Kontakt zu treten und sie zu verstehen. In den Regenwäldern des Amazonas nehmen diese Schamanen ein natürliches Kräuternarkotikum ein, das so genannte *Iawaska*, das ihnen hilft, in einen anderen Bewusstseinszustand zu gelangen. In diesem tranceähnlichen Zustand öffnen sie sich und sind dann fähig, die wichtigen Geister wahrzunehmen und mit ihnen zu kommunizieren.

Für diese Völker bedeutet eine Trennung von der geistigen Welt, dass man das Leben nicht vollständig lebt. Diese parallel verlaufende Dimension mit einzubeziehen, hat nichts mit Naivität oder Aberglauben zu tun. Sie ist eine erfüllende, ganzheitlich wirkende und praktische Bereicherung. Die Vorstellungskraft wird angeregt und eine Quelle für schöpferische Tätigkeit geschaffen. Wir fühlen uns verantwortlich für unsere Umwelt und unsere Mitgeschöpfe.

In den Stammeskulten sind Geister und die Zusammenarbeit mit ihnen etwas ganz Selbstverständliches. Mitglieder dieser Gemeinschaften behaupten, dass sich ihr elementares Überleben und ihre Lebensqualität auf einer gesunden Beziehung zu diesen Geistern gründen, und betrachten es als ungewöhnlich, dass die modernen Kulturen sie nicht beachten.

Devas und Naturgeister

In Hindi und im Sanskrit gibt es ein Wort, das für die Gesamtheit der verschiedenen Arten von Geistwesen steht - Deva. Dabei kann es sich ebenso um den Deva eines kleinen Grashalms handeln wie um den eines Planeten. Devas arbeiten sowohl mit den lebenden Naturformen als auch mit der unsichtbaren Welt der Vorstellung, der Gedanken und der Inspiration. So gibt es Devas der Gerechtigkeit, der guten Verständigung und der religiösen Zeremonien.

Überall auf dem indischen Subkontinent und in Ostasien beginnen Millionen Haushalte den Tag damit, einen Augenblick innezuhalten und dem Geist des Hauses zu opfern. Die fortwährende Anerkennung der Devas ist in ihren Lebensrhythmus eingebaut. Ironischerweise beginnen die gebildeten Asiaten, diese Dinge als Aberglauben von sich zu weisen, während wir im Westen wieder anfangen, ihren Wert schätzen und verstehen zu lernen.

Terminologie

In zahlreichen Sprachen kann man das Wort „Geist" verwenden. Wir sprechen vom Geist eines Ortes, eines Tanzes oder sogar eines Autos. In diesem Zusammenhang verstehen wir darunter die Essenz und die Inspiration von irgendetwas. Aus diesem Grunde werde ich im Verlaufe dieses Buches die beiden Bezeichnungen „Geist" und „Deva" gebrauchen. Auch die Begriffe „Engel", „Muse", „Baumeister des Lebens" und „Gruppenseele" (siehe unten) haben dieselbe Bedeutung.

Für die verschiedenen Arten von Geistwesen verwenden wir unterschiedliche Namen, wie Elementale der Erde, des Wassers, der Luft und des Feuers; Elfen und Gnome; Cherubim und Seraphim; Engel und Erzengel; Archetypen; Musen; Götter und lokale Gottheiten. Den Begriff „Gruppenseele“ oder „morphogenetische Felder“ finden wir auch im halbwissenschaftlichen Sprachgebrauch. Dahinter verbirgt sich die Vorstellung, dass Atome, Zellen, Felsen, Pflanzen und Tiere ein Energiefeld besitzen, das die Erinnerung ihrer Erfahrungen enthält, ein Thema, über das wir an späterer Stelle in diesem Buch sprechen werden.

In der Mystik und in den Stammesreligionen versteht es sich von selbst, dass alles Lebendige einen unsichtbaren Geist besitzt. Bäume, Berge, Seen, Tiere, Felsen, Haushaltsgegenstände, Gebäude, Pflanzen, Flüsse, Tänze, Rituale, Heilungen, Kommunikation, Geschenke – die Liste ist endlos – sie alle haben einen unsichtbaren Geist. Diese Deva-Dimension ist Teil der Schöpfungskraft von allem, das existiert.

Einige dieser Wesen sind von solcher Herrlichkeit, dass man sie als Götter oder Göttinnen beschrieben hat, etwa die Geistwesen riesiger Städte oder von Sternbildern. Andere sind winzig und bilden das Elementarleben eines mikroskopisch kleinen Felspartikels oder des allerkleinsten Wassertropfens. Die Mystik und die Stammesreligionen lehren uns, dass diese Geister uns zu unserem und zu ihrem Nutzen beeinflussen und inspirieren können.

Uralte Traditionen der verschiedenen Kulturkreise

Den Schülern der Esoterik sind diese unsichtbaren Geister mancher Traditionen, wie der jüdischen Kabbala, der christlichen Gnosis oder des indischen Tantra, seit langem ein Begriff. Es gibt genaue Auflistungen und Beschreibungen der verschiedenen Typen und Arten, von winzigen, elementaren Salamandern und Undinen, über Elfen und Cherubim zu Musen, erhabenen Erzengeln und Drachen. Im neunzehnten und zwanzigsten Jahrhundert haben die Lehren der Anthroposophie und Theosophie, die sich auf die Vorstellungen von Rudolf Steiner beziehungsweise Madame Blavatsky gründen, ebenfalls versucht, die gesamte Geographie der inneren, transzendenten Welten zu beschreiben und zu erklären.

Die klassischen Zivilisationen haben öffentlich zugegeben, dass es Geistwesen gewesen sind, die die verschiedenen Aspekte der menschlichen Kultur geführt und inspiriert haben. Die vorchristlichen Götter und Göttinnen von Rom und Athen können als erhabene Devas betrachtet werden. Namen wie Merkur, Ceres, Neptun und Venus besitzen immer noch ein großes Charisma und eine archetypische Kraft. Im klassischen Athen sprach man von Devas, die das Erziehungswesen und die Kunst inspirierten. So gab es etwa die neun Musen – Calliope, Clio, Erato, Euterpe, Melpomene, Polyhymnia, Terpsichore, Thalia und Urania. Besondere Priester und spezielle Zeremonien sorgten für eine Kommunikation mit diesen Geistern und ebneten den Weg, damit sich diese zum Ausdruck bringen konnten. Diese Parallelwelten des Menschlichen wurden auch von einigen großen Philosophen angesprochen, besonders von Platon, der von den vollkommenen Formen schrieb – der Welt der Ideen –, die in einer inneren Ebene existierten und das Vorbild ihrer irdischen Gestalten enthielten.

In der analytischen Tiefen- und transpersonalen Psychologie spricht man ebenfalls von einer gewissen inneren Dimension, die zwar vom individuellen Verstand getrennt liegt, aber in der Vorstellung von Archetypen jedermann zugänglich ist. C.G. Jungs Theorie der Archetypen ist der Beginn einer Anerkennung solcher Deva-Wirklichkeiten. Diese Art der Psychologie gesteht ein, dass der Mensch durch äußere Einflüsse beeinträchtigt werden kann, die jenseits der üblichen psychologischen Geschichte oder der alltäglichen Realitäten liegen.

Zeremonien und Rituale

Selbst heutzutage führen die meisten Religionen großartige und bewegende Zeremonien durch, die speziell auf die Engel ausgerichtet sind. Dazu gehört auch die bekannte Anrufung der Christen bei der heiligen Kommunion, in der es heißt: „Engel, Erzengel, Seraphim und Cherubim und die ganze himmlische Heerschar." C.W. Leadbeater beschrieb in seinem Buch "Die Wissenschaft der Sakramente" den genauen Ablauf der Mitwirkung der Engel bei diesem christlichen Ritual. Im Tibetischen Buddhismus rufen große, dröhnende Gongs und Hörner die Devas der Läuterung und des Gebets herbei. Mohammed wurde von einem Gottesengel inspiriert.

Auch heute noch erkennt man, dass es sich bei den großen Erntedankfesten der meisten Kulturen – im Frühjahr für die Saat und im Spätsommer für die Ernte – nicht nur um leere Invokationen handelt, bei denen man um Beistand bittet oder die wohl gelungene Arbeit zum Ausdruck bringen will. Es sind eindeutige Anrufungen der Natur- und Landschaftsgeister, die dazu bestimmt sind, die Fruchtbarkeit und das Wachstum zu fördern und eine fortwährende Zusammenarbeit mit ihnen aufrecht zu erhalten.

Eine der großartigsten Deva-Zeremonien, die sich bis in das zwanzigste Jahrhundert erhalten hat und die sich sicherlich im einundzwanzigsten Jahrhundert wiederholen wird, ist die Krönung des britischen Monarchen. Während dieser langen und ungewöhnlichen Zeremonie bedient man sich der verschiedenartigsten Symbole, Rituale und Anrufungen, um den Segen und die Inspiration der einzelnen Geister herabzurufen und den neuen Monarchen damit zu krönen. Zu diesen Geistern gehört auch der Volksgeist oder die Volksseele des Vereinigten Königreichs, der Geist der königlichen Autorität und der Geist der Gerechtigkeit. Die Krone selbst ist ein Symbol höherer Weisheit, ein Ersuchen an den Engel der göttlichen Intelligenz. Der ganze Krönungsakt ist eigentlich nur dann sinnvoll, wenn man ihn als ein Ritual versteht, durch das der Monarch mit den einflussreichen, unsichtbaren Geistern verbunden wird, die ihn überstrahlen und während seiner Regierungszeit inspirieren werden. Auch viele Parlamente beginnen ihre Regierungperiode mit einem Gebet oder einem Augenblick der Stille, einer Bitte um Führung von Seiten der Geister der Regierung.

Unterdrückung und Wiederaufleben

Im Laufe der Geschichte haben die großen Religionen und später der Prozess industrieller Modernisierung dieses Bewusstsein für die Geisterwelt unterdrückt. Manchmal sind sie grausam vorgegangen und haben Folter und Todesstrafe eingesetzt. Viele Frauen wurden wegen Hexerei angeklagt und bei lebendigem Leibe verbrannt, nur weil sie die Pflanzen und ihre Geister liebten. Manchmal genügte es, sich spielerisch der Natur zu erfreuen, um verdammt zu werden. 1634 wurde Mary Spencer verurteilt, weil sie ihren Eimer den Hügel hinunterrollen ließ und neben ihm herlief. Es gibt zahlreiche Theorien, warum eine angebliche Religion der Liebe, die auch die andere Wange hinhalten soll, so hart und unversöhnlich geworden ist. Aus welchem Grunde auch immer, Tatsache bleibt, dass die christlichen Kirchen jahrhundertelang einen schrecklichen Feldzug gegen jeden geführt haben, der mit ihren Lehren nicht übereinstimmte.

Dies bedeutete, dass jede Frau – oder jeder Mann – mit einem Gespür für die Schönheit der Natur und ihres unsichtbaren Lebens zum Angriffsziel wurde. Dem Wort „Hexe“ haftet immer noch die durch die Inquisition beigegebene Vorstellung von etwas Bösem an, obwohl es sich dabei immer um „weise Frauen“ handelte. Deshalb wurde eine Frau, die den Geist von Pflanzen oder den Geist des Hauses wahrnahm, sofort verurteilt. Denn sie galt, wie es ein Priester einmal ausdrückte, als „böser Mensch; sozialer Abschaum und Schmarotzerin; Anhängerin eines abscheulichen, schamlosen Glaubens...Mitglied einer machtvollen und ekelerregend unzüchtigen Überzeugung...Mitglied einer mächtigen Geheimorganisation, feindselig gegenüber Kirche und Staat“. Auch der Begriff „Heidentum“ besitzt für viele Leute einen negativen Beigeschmack, was auf die Unterdrückung und die Feindseligkeit der Kirche zurückzuführen ist. Das Wort „Heide“ bezeichnet im Grunde genommen jedoch nur jemanden, der den erhabenen Geist und den Geist in allem Leben ehrt.

Das Ausmaß dieser Unterdrückung der Frauen und der animistischen Naturreligion muss man realistisch sehen. Im sechzehnten und siebzehnten Jahrhundert war allein die englische Regierung für den Tod von dreißigtausend Frauen verantwortlich. In Europa verurteilte der lutherische Prälat Benedict Carpzov zwanzigtausend Menschen zum Tode. Die genaue Anzahl der gefolterten und und getöteten Frauen lässt sich nicht genau festlegen, aber der Begriff „Holocaust“ oder „Genozid“ wäre angebracht. In Südamerika haben christliche Missionare bis ins vorletzte Jahrhundert hinein

Menschen aufgrund ihres Geisterglaubens getötet. Psychisch gesehen, terrorisieren Missionare immer noch die Heiden – Menschen, die die Schönheit und Unabhängigkeit des Lebens respektieren. Diesen religiösen Fundamentalismus, der sich gegen die Geister und die Frauen richtet, gibt es auch im Islam und im Judentum.

Die riesigen Schatten dieser psychischen und physischen Unterdrückung bleiben. Ironischerweise bespötteln sowohl die organisierten Religionen als auch die Wissenschaft, die sich beide gewöhnlich in einem ideologischen Konflikt befinden, den Glauben an Naturgeister, Elementale, Gnomen und andere Geister.

Heilung der Wunden

Heute aber sind wir im Begriff, unsere Beziehung zu den Geistern wiederaufblühen zu lassen, da wir eine neue Stufe großen kulturellen Wandels nehmen und in ein planetarisches Feld der freien Kommunikation treten. Dies liegt zum Teil ganz einfach an der Mitteilungsfreiheit. Heute wird niemand mehr verbrannt oder gefoltert, weil er über Geister spricht, und man kann davon sogar in Büchern lesen. Wir fühlen uns auch freier, über unsere Erfahrungen zu reden, und viele Menschen erleben die Geister tatsächlich.

Außerdem verspüren wir das seelische und emotionale Bedürfnis, sie wieder auferstehen zu lassen und sie zu ehren. Sie zu ignorieren, trägt zu unserer gegenwärtigen Krankheit eines kulturellen Ungleichgewichts bei. Ihre Unterdrückung schlägt sich sicherlich auf zwei andere tiefe Wunden unserer Sozialstruktur nieder. Eine davon ist die Respektlosigkeit gegenüber der weiblichen Kraft und ihre Unterdrückung. Es wird viel zu viel Gewicht auf die Männer und die maskuline Einstellung gelegt, was dringend ausgeglichen werden muss, indem man die Frauen und ihre Stellung stärker fördert. Der Verlust von weiblicher Führung und Einflussnahme durch eine von Männern dominierte Gesellschaft hat ein verheerendes Ungleichgewicht geschaffen. Es gibt allerdings Anzeichen für eine Gesundung dieses Gefälles.

Die zweite Wunde entsteht durch den Konflikt zwischen Mensch und Natur, durch den Missbrauch unserer Umwelt und der ökologischen Beziehung. Besonders während der letzten zwei Jahrhunderte hat unsere Lebensführung eine selbstsüchtige und gedankenlose Haltung gegenüber unserer Umwelt entwickelt. Der daraus entstandene Schaden verletzt aber nur uns selbst und unsere Kinder. Es gibt ein wunderschönes Gebet der Ojibway Amerikas, das diese Situation beschreibt:

Ahnherr,
Schaue auf unseren Zusammenbruch.
Wir wissen, dass in der ganzen Schöpfung
Nur die Menschenfamilie
Vom heiligen Pfad abgewichen ist.
Wir wissen, dass wir es sind,
Die getrennt leben
Und diejenigen sind,
Die wieder zusammenfinden müssen,
Um den Heiligen Pfad zu wandeln.
Großvater,
Heiliger,
Lehre uns Liebe, Mitgefühl und Ehrfurcht,
Damit wir die Erde
Und auch uns selbst gegenseitig zu heilen vermögen.

Zum Glück beginnen wir wieder zu erkennen, dass wir Geschöpfe eines wechselseitig eng voneinander abhängigen Universums sind und die Verantwortung für eine Umwelt tragen, die uns unterstützen oder aber der Vergessenheit anheimfallen lassen kann.

Doch es gibt noch eine dritte Wunde, die man als ebenso tief und schmerzlich empfinden mag, und das ist die fehlende Zusammenarbeit zwischen der Menschheit und der geistigen Welt. Wir scheinen uns dieser Wunde und ihrer notwendigen Heilung erst jetzt langsam bewusst zu werden. Die gewaltige Faszination in Bezug auf die Phänomene der Engelwelt oder andere übersinnliche Geschehnisse sowie die erneute Hochachtung vor den Stammesreligionen und dem Schamanismus sind ein Anzeichen für das instinktive Bedürfnis nach dieser Verbindung.

Wenn wir diese Sphäre erkennen und zulassen, dass sie unseren Geist und unsere Verhaltensweise beeinflusst, indem wir danach trachten, mit ihr zusammenzuarbeiten, können wir zu einem Gleichgewicht und einer tiefgreifenden Heilung beitragen. Daraus wird sich ein wahrer geistiger Reichtum ergeben, der unsere psychische Armut lindert. Unser zwanghaftes „Handeln“ wird dann durch ein eher harmonisches „Sein“ ausgeglichen werden.

2

Der Weg nach innen und seine Bedeutung

Worin liegt der Sinn, mit den Geistern zusammenzuarbeiten? Was hoffen wir zu erreichen?

Wir wollen nicht nur versuchen, unsere Tätigkeiten zu bereichern oder unser Leben erfolgreicher zu gestalten. Der Kern der Erfahrung liegt in der erlernten Lektion, dem Dienst und dem geistigen Wachstum. Wenn ein Gärtner spürt, dass ihm die Naturgeister zur Seite stehen oder ein Priester den "Engel des Gottesdienstes" fühlt, ein Schuster sich irgendeiner Wesenheit in seinem Geschäft bewusst ist und ein Heiler die Schwingung eines Heilengels wahrnimmt, werden in allen diesen Situationen Erziehung, praktische Hilfe und Inspiration geschenkt.

Wenn die Krankenschwester Kathrin für ihren Patienten bewusst den Beistand eines Heilengels herbeiruft, weiß sie, dass sie einen Begleiter hinzuzieht, der die feinen Energieströme, die bei dem Heilvorgang oft nötig sind, genau kennt. Wenn sich der Gärtner Georg auf die Naturgeister einschwingt, bevor er ein neues Blumenbeet anlegt, weiß er, dass ihm Ratschläge gegeben werden, die für eine schönere und produktivere Landschaft sorgen. Auf praktischer Ebene besteht ein riesiger Unterschied zwischen einem Gärtner, der in Einklang mit den Naturgeistern wirkt und jemandem, der dafür kein Gespür hat.

Die Zusammenarbeit mit den Geistern bringt auch einen persönlichen und geistigen Wandel mit sich. Dies liegt daran, dass wir langsamer treten, uns konzentrieren, unser Bewusstsein erweitern, fein unterscheiden und einfühlsam handeln müssen. Das sind die Schlüsselelemente geistiger Reife. Wenn sich der Firmendirektor auf den Geist seines Geschäfts einschwingt, geht er ruhiger vor und löst sich von seinem gewöhnlichen Bedürfnis nach Kontrolle. Sich mit dem Geist seines Geschäfts zu verbinden bedeutet, dass er seine Arbeit aus neuer und kreativer Sicht betrachten und verstehen kann.

Im Vergleich zu Licht, Klang oder kosmischen Wellen, leben wir Menschen in einem sehr dichten und begrenzten physischen Körper. Über unsere fünf Hauptsinne nehmen wir die materielle Welt um uns herum wahr und verbinden uns mit ihr. Je lauter, größer, farbenprächtiger oder übelriechender etwas ist, desto eher bemerken wir es.

Wir vertrauen auf diese fünf groben physischen Sinne und haben mehr Schwierigkeit mit unserer Empfindung für die feinstofflicheren Ebenen. Die geistige Welt offenbart sich nicht auf der materiellen Ebene. Sie schreit uns nicht ins Gesicht wie ein Fernsehgerät oder ein rasendes Auto. Doch wenn wir dieser inneren Welt ein wenig Aufmerksamkeit schenken, überwältigt uns ihre Wirklichkeit. Das Gleiche gilt für die Natur. Einige Menschen bemerken niemals die Schönheit unserer Umgebung, während andere sie mit Ehrfurcht betrachten und von ihr genährt werden.

Die Bejahung der geistigen Welt erweitert die gesamte Art und Weise, in der wir unserem Leben Sinn verleihen und es erleben. Ohne uns an eine spezielle Glaubensüberzeugung zu ketten, schenkt sie uns eine religiöse Lebenserfahrung – religiös, ohne Religion. Sie verleiht Zauber und Poesie und eine tiefe Wertschätzung für die allem Leben zugrunde liegende Intelligenz.

Die Wirklichkeit ist wichtig

Aber auch die praktischen Aspekte müssen ihren Ursprung im geistigen Bereich nehmen. Wir leben in einer realen Welt voller Leid und Ungerechtigkeit. Mehr oder weniger ertragen wir alle diesen Zustand. Einige unter uns fühlen sich bis zu einem gewissen Ausmaß dazu veranlasst, sich des Leids anzunehmen und für eine bessere Welt zu sorgen. Aber es scheint nicht zu genügen, sich ausschließlich auf menschliche Quellen der Unterstützung und der Inspiration zu verlassen. Ein Gefühl der Verbundenheit mit den anderen Lebenskameraden und deren Eingebung ist sehr hilfreich, um erfolgreich zu überleben und sich sinnvoll für persönlichen und sozialen Wandel einzusetzen.

Allein das Wissen um ihre Anwesenheit bringt selbst in die schwierigste Situation ein kosmisches Augenzwinkern und vermag die notwendige Kraft zu verleihen. Wenn wir verstehen, wie und warum sie existieren und Verbindung zu ihnen aufnehmen können, wird unser Leben in wunderbarer Weise bereichert werden. Wie oft hast du dir für deine Arbeit Inspiration und Weisheit gewünscht? Die Devas werden sie dir schenken, wenn du dir genügend Zeit nimmst und offen bist, sie anzunehmen. Sobald du mit der Zusammenarbeit beginnst, wird sich die gesamte Stimmung und Atmosphäre deines Lebens verändern.

In der heutigen Zeit fürchten jedoch viele Leute, dass uns ein Interesse an den Geistern von der Wirklichkeit entfernen und die Phantasie fördern könnte. (Ich erinnere mich an einen Vortrag über Devas, den ich in New York gab. Zwei Zuhörer in der ersten Reihe glaubten tatsächlich, sie seien Elfen und nickten mir unaufhörlich seltsam ermutigend zu.)

Doch man braucht sich nicht von der Wirklichkeit zu lösen. Diese Arbeit erweitert unser Bewusstsein zu einer größeren Realität, ohne dass wir den Halt im Hier und Jetzt verlieren. Sie stimmt uns auf das Wesentliche unseres Tuns ein, um uns neu zu inspirieren. Das nützt uns, der Natur und der Welt. Der protestantische Geistliche Henry Beecher meinte in seinem Buch *Royal Truths*: „Ein Mensch, der mit Engeln und Seraphim auf besserem Fuß steht als mit seinen Kindern, Bediensteten und Nachbarn, verfügt nicht über viel praktisches Christentum.“

Erste Verbindungen

Die ersten inneren Verbindungen lassen sich am leichtesten vor einer Tätigkeit herstellen. Viele Leute tun das instinktiv. Bevor sie irgendeine Arbeit beginnen, halten sie inne, um sich zu konzentrieren oder in eine Art Tagträumerei zu verfallen. Sie scheinen geistig gesehen einen anderen Gang einzulegen, um in die richtige „Stimmung" zu gelangen. Sobald sie instinktiv fühlen, vorbereitet zu sein, beginnen sie.

In diesem Augenblick des Innehaltens geschieht etwas Interessantes, Aufregendes und sehr Feinsinniges. Wir orientieren uns. Wir bereiten uns auf die Tätigkeit vor, indem wir uns innerlich vorstellen, in welcher Weise wir vorgehen und wie wir die Arbeit beenden wollen. Wir machen Bestandsaufnahme von der Situation. Bewusst und unbewusst greifen wir auf unsere Erinnerungen zurück, auf unsere vergangenen Erfahrungen, Wünsche und Absichten.

Das unsichtbare Modell

Aber es geschieht auch noch etwas anderes. Wir scheinen geradezu auf eine Inspirationswelle zu warten. Im Unterbewusstsein verbinden wir uns telepathisch in jener Pause mit dem Muster oder dem Modell der Tätigkeit, die wir im Begriff sind auszuüben.

Nimm zunächst einfach einmal die Hypothese an, dass jede Tätigkeit ihre eigene Gestalt oder Struktur besitzt. Akzeptiere im Moment auch die Behauptung, dass dieses Muster oder Modell ein eigenständiges Leben besitzt. Dieses „innere", unsichtbare Muster besteht aus feinstofflicher Energie und lebt aus sich selbst. Wir können dieses Muster auch den „Geist" der Tätigkeit nennen.

Diese Pause mag nur einige Sekunden lang sein oder Monate oder sogar Jahre dauern. Wie lange diese Periode auch sein mag, es ist die Zeit, in der sich der Mensch mit dem inneren Muster, dem Geist, seiner Arbeit verbindet.

Leonardo da Vinci hält inne, bevor er seine Mona Lisa malt.

Die Putzfrau hält inne, bevor sie den Küchenboden schrubbt.

Der Architekt hält inne, bevor er zeichnet.

Der Gärtner hält inne, bevor er die Bäume beschneidet.

Der Mechaniker hält inne, bevor er den Motor herausnimmt.

Der Liebhaber hält inne, bevor er berührt und streichelt.

Dies mag wohl der größte Sprung im Vorstellungsvermögen mancher Leute sein. Wenn man neben einem Baum oder auf einem Berg sitzt, fällt es nicht schwer, dort eine Gegenwart, eine Energie zu spüren, aber die Idee, dass die menschlichen Aktivitäten ebenfalls einen solchen inneren Geist besitzen, lässt sich kaum erfassen.

Als Leonardo innehielt, bevor er zu malen begann, verband sich der Genius seines eigenen Bewusstseins und seiner Kreativität mit dem Geist des Malens, der Muse der Kunst. In der gleichen Weise können du und ich vor dem Säubern der Küche oder dem Reparieren des Motors mit dem Geist solcher Tätigkeiten in Kontakt treten.

Die Vorstellung von einem Deva der Küchenreinigung mag in manchem Leser Skepsis hervorrufen, doch dieser Einstellung könnte man zwei Gesichtspunkte entgegenhalten. Erstens, wenn wir unseren Kosmos mit seinen im unendlichen Raum auftauchenden, explodierenden und implodierenden Galaxien betrachten, mutet es schon recht absonderlich an, dass auf einem einzigen, winzigen Planeten kleine zweibeinige Geschöpfe in Kleidern und mit Schaumreinigern Spülbecken scheuern! Da der Kosmos aus Energie und Bewusstsein und weniger aus physischer Materie besteht, gibt es wohl eher eine mit der Tätigkeit in Verbindung stehende Energie und Essenz, als die Tätigkeit selbst. Zweitens, in Anbetracht der zahllosen Wohnungen überall auf der Welt, besonders in Indien und China, in denen es in der Küche ein kleines Heiligtum gibt, bedarf es keiner großen Phantasie, um zu spüren, dass die Aura, die einen solchen Altar umgibt, die Rhythmen der Aktivitäten in einem Haushalt fördern.

Es gibt tatsächlich Geistwesen, die uns in jeder Situation zur Seite stehen.

Uralte Rituale der Schiffsbauer

Dieses ganz natürliche Vorgehen, vor Beginn einer Tätigkeit innezuhalten und sich ihrem geistigen Aspekt zuzuwenden, gestaltete sich bei vielen Stammesgemeinschaften als festes Zeremoniell. Das häusliche Leben und die Arbeit waren eng mit einer rituellen Anerkennung der Geister verquickt. Auch heute noch bieten die Schiffsbauer der Trobriand Inseln in der Südsee ein ausgezeichnetes Beispiel dafür. Der Bau ihrer Kanus stellt eine einzige Zeremonie dar, bei der sie die entsprechenden Devas anrufen, ihnen bei der Fertigstellung eines vollkommenen Gefährts zu helfen.

Zu Beginn werden die Geister der Bäume und der vorangegangenen Boote angerufen und gebeten, jeden einzelnen Arbeitsschritt zu führen. Bevor die Insulaner in den Wald gehen, um den Baum für den Schiffsrumpf zu fällen, bitten sie den Waldgeist, sie zu dem richtigen Baum zu führen. Ehe sie diesen schlagen, stimmen sie einen Gesang zu Ehren seines Geistes an.

Gesänge und Rituale begleiten das Herausschneiden des Boots aus dem Baumstamm, bei denen die Devas des Meeres angerufen werden, damit sie ihnen zur Seite stehen, ein Boot zu fertigen, das leicht und rasch auf den Wellen dahingleitet – als ein Freund der Wellen, des Meeres und der Tiere seiner Tiefen. Beim Schnitzen des Bugs ruft man den Beistand eines bestimmten Geistes herbei, damit das Kanu auf den Wellen tanzend das Wasser scharf durchschneidet.

Selbst in unseren zivilisierten Breiten geben wir unseren Schiffen einen Namen und taufen sie mit Champagner, bevor wir sie auf ihre Jungfernfahrt schicken. Es liegt erst wenige Jahrhunderte zurück, als unsere Schiffe noch Galionsfiguren trugen – Geister, die in den Bug geschnitzt wurden, um Glück zu bringen.

Die Arbeit in eine einzige Zeremonie zu verwandeln, bei der mit den nötigen Geistern Verbindung aufgenommen wird, gehört bei den Stammesgemeinschaften zum Alltag. Anthropologen sehen darin jedoch nur eine abergläubische Verhaltensweise und Rituale, die dem gesellschaftlichen Zusammenhalt dienen. Man erklärt, die primitiven Völker gäben vor, Macht über etwas auszuüben, das unkontrollierbar sei. Doch das ist eine Scheuklappensicht.

Für die Schiffsbauer der Stammesgemeinschaften sind diese Zeremonien Teil einer sorgfältigen Technik, die nichts dem Zufall überlässt. Die Geister, die lebendigen inneren Baumeister, begleiten die Schiffsbauer bei ihrer

Arbeit und sorgen für die Zusammenarbeit mit den Elementen und für ein gutes Gelingen. Sie führen die Erbauer, damit sie ein ihrem Können entsprechend vollkommenes Boot herstellen. Diese lebendigen Ideen, die Geister des Holzes, des Meeres und der Wellen, sind die besten Berater.

Der chinesische Weise, Hsun Tzu, der etwa dreihundert Jahre v.Chr. lebte, meinte: „Die Zeremonien bringen Himmel und Erde in Harmonie und lassen Sonne und Mond erstrahlen, regeln die vier Jahreszeiten und sorgen für den Lauf der Gestirne, lassen die Flüsse strömen und die Dinge gedeihen; sie mildern Liebe und Hass und zügeln Freude und Ärger... Wer sich an die Rituale hält, den wird die Vielfalt der Veränderungen niemals verwirren....Rituale, sind sie nicht der Höhepunkt der Kultur?"

Zusammenarbeit mit den Geistern in der heutigen Zeit

Diese Zusammenarbeit mit den Geistern beschränkt sich nicht nur auf die so genannten primitiven Völker. Es gibt sie in vielen Schichten, selbst in der modernen westlichen Welt.

Im Garten

Im Laufe eines meiner Kurse sprach Veronika, eine Geschäftsfrau in den Dreißigern, darüber, wie sie ihre Gartenarbeit verrichtet.

„Bevor ich meinen Rosenbusch beschneide, betrachte ich ihn eine Weile so, als ob ich ihn auf meine Absicht vorbereiten wollte. Dabei bekomme ich ein Gespür dafür, wie ich am besten vorgehen soll. Wenn ich dann die Zweige schneide, fühlt es sich nicht so unbarmherzig an, eher zusammenwirkend. Es ist nicht, dass ich der Pflanze etwas antue, sondern gemeinsam mit ihr vorgehe. Ich habe das Gefühl, als ob ich gemeinsam mit dem..." Sie hielt inne, als ihr bewusst wurde, dass sie sagen wollte: „Es ist, als ob ich Hand in Hand mit dem Geist des Busches arbeite."

„Haben Sie keine Angst, Fehler zu machen oder den Geist zu verletzen?" wurde sie gefragt.

„Am Anfang schon", erwiderte sie, „aber mit der Zeit bin ich immer sicherer geworden. Ich habe mich mehr auf den Pflanzengeist eingestimmt."

Im Geschäft

Ein Skandinavier, der sich über seinen nächsten geschäftlichen Schritt nicht im Klaren war und den seine Frau dazu bewogen hatte, besuchte meinen Kurs über Devas. Dies war sicherlich nicht der nahe liegendste Ort für einen Geschäftsmann, Rat und Hilfe zu suchen.

„Ich habe klassische Geschichte studiert und mich immer gerne mit der Mythologie beschäftigt", erklärte Sven. „In den Ursprüngen unserer westlichen Zivilisation gehörten diese mythischen Wesen zum Alltag. Selbst die Handelsmärkte hatten ihre speziellen Gottheiten. Ich habe das Gefühl, als ob mein Geschäft auch seine spezielle Gottheit haben könnte, seinen speziellen Geist oder Engel."

Sven kehrte nach dem Kurs nach Skandinavien zurück und erzählte ein Jahr später, was sich ereignet hatte. Jeden Morgen war er sehr früh in sein Büro gegangen, noch bevor einer seiner Angestellten im Haus war. Er zündete eine Kerze an und zog sich still in sein Inneres zurück. Er sann über seine Fabrik mit ihren Arbeitern und die Verträge nach und lud dann den Engel und den Geist seines Geschäfts in diese Stille ein. Er saß eine Weile ruhig da und betrachtete die Gedanken und Bilder, die an ihm vorüberzogen. Bevor er mit seiner Arbeit begann, hielt er inne und stimmte sich auf sein Geschäft und dessen Geist ein.

Im Laufe der nächsten Monate traf er mehrere klare Entscheidungen, die den Bildern und Gedanken dieser stillen Zeit entsprangen. Am Eingang seiner Fabrik ließ er Bäume pflanzen. Er änderte die Beleuchtung in den Hauptarbeitsbereichen. Er schloss den Speisesaal für die leitenden Angestellten, damit Arbeiter und Verwaltung in der Hauptkantine an einem Tisch saßen.

Dies waren nur die ersten Veränderungen, die er aufgrund seiner morgendlichen stillen Periode vornahm. Er setzte nicht alle Vorstellungen und

Gedanken in die Tat um, sondern nur solche, die er für angebracht und realistisch hielt. Im Laufe der darauffolgenden Monate arbeiteten die Gewerkschaften zunehmend stärker zusammen, die Produktion stieg gewaltig und er selbst entdeckte eine neue Lebensqualität in seinem Leben.

Vielleicht hätte er ähnliche Resultate erzielt, wenn er einen Geschäftsberater hinzugezogen, ein Buch über Feng Shui gelesen oder einfach nur sorgfältiger auf seine Arbeitskraft gehört hätte. In seinem Falle aber war alles auf seine Bereitschaft zurückzuführen, sich auf die Muse seines Geschäfts einzustimmen und sich mit ihr zu verbinden. Seine Entscheidungen entsprangen seiner eigenen Weisheit und Einstimmung. Für ihn bedeutete das eine tiefgreifende und wichtige Arbeit, sowohl im praktischen Sinne als auch auf der Ebene seines persönlichen, psychologischen Wachstums hinsichtlich Integrität und inneren Friedens.

Die Geschichte dieses Geschäftsmannes zeigt, dass eine Zusammenarbeit mit den Devas nicht nur auf praktischem Gebiet hilfreich ist, sondern auch die Art und Atmosphäre der Tätigkeit selbst verändert. Das Leben wird bewusster und mit einem stärkeren Empfinden von Verbundenheit und Stille gelebt.

Beziehungen

Ein weiteres Beispiel für die Zusammenarbeit stammt von Jane, deren Ehe in die Brüche zu gehen schien. Sie wusste, dass ihre Beziehung geheilt werden konnte, wenn sich die körperliche Liebe zwischen ihr und ihrem Partner harmonischer und befriedigender gestaltete. Sie zog sich also in die Stille zurück und dachte darüber nach. Sie bat um die Inspiration von Eros, dem geflügelten Cherubim der Liebe.

Als sie ruhig da saß, kamen ihr mehrere Ideen und Gedanken in den Sinn, die sie später verwirklichte. Sie kaufte eine Kerze, weihte sie der Romantik und der Heilung ihrer Beziehung und ließ sie über Nacht brennen. Sie wartete auf einen Abend, an dem es viel Zeit gab und bat ihren Mann, mitzuhelfen, ihre Beziehung zu heilen. Sie entzündete eine zweite Kerze und rief Eros und einen Heilengel herbei. Und ihre Beziehung begann tatsächlich zu heilen.

Auch in diesem Falle könnte man sagen, dass sie ihr Ziel vielleicht ebenso erreicht hätte, wenn sie dem Rat einer Freundin oder eines Beraters oder ihrem gesunden Menschenverstand gefolgt wäre. Aber hätte sie dann denselben unsichtbaren Beistand verspürt oder wäre ihr Mann so leicht zu überreden gewesen?

Wenn man einen Deva herbeiruft, sind die Auswirkungen manchmal spannend und unmittelbar. Anne befand sich in großen Schwierigkeiten mit den anderen Mitbewohnern. Es gab ununterbrochen Streit, und die Atmosphäre war höchst unangenehm. Nachdem sie gelernt hatte, wie man einen Hausgeist herbeiruft, schaffte sie zu Hause ein wenig Platz auf dem Küchenregal und schmückte ihn mit einer blühenden Pflanze und einer kleinen Kerze.

„Ich zünde diese Kerze an", erzählte sie, „um für diesen Haushalt einen Engel einzuladen. Danke für deine Gegenwart und deine Liebe. Danke, dass du bei uns bist und uns führst und inspirierst, damit wir zusammenarbeiten. Danke für deine Anwesenheit."

Sie berichtete, dass sich die Atmosphäre über Nacht verbesserte und so blieb.

Nachdem sie diese Geschichten gelesen haben, mögen Skeptiker einwerfen, dass es zahlreiche psychologische Gründe für solche Veränderungen geben mag. Doch ich habe dreißig Jahre lang Psychologie studiert und wie viele esoterische Psychologen weiß ich, dass es eine Dimension gibt, die jenseits der irdischen liegt. Die Zusammenarbeit mit dieser Ebene der Geister kann wahrhaftig wunderbare Auswirkungen mit sich bringen.

3

Eine persönliche Reise

Das Thema dieses Buches ist für mich weder theoretischer noch philosophischer Natur. Ich möchte die Leser an meinen unmittelbaren Erlebnissen teilhaben lassen und hoffe, dass meine eigene Reise dazu beiträgt, die Welt der Geister besser zu erklären und dabei zu helfen, mit ihr in nutzbringender Weise in Verbindung zu treten.

Alles begann in meinen späten Teenagerjahren, als mich Bewusstseinsveränderungen, die Mystik und das Okkulte in ihren Bann zogen und ich viel über diese Gebiete las. Mit Anfang zwanzig meditierte ich und ging zu einem Psychoanalytiker, der mit Sigmund Freud zusammengearbeitet hatte. Damals arbeitete ich im Verlagswesen und betätigte mich aktiv in der Sozialpolitik.

Eine Bergkapelle

1971 stieß ich auf ein seltsames Buch mit dem Titel "Die Magie des Abramelin", in dem ein sechs Monate dauerndes Ritual beschrieben wurde, das dazu diente, die Fähigkeit zu erlangen, sich mit seinem eigenen „heiligen Schutzengel" unterhalten und mit verschiedenen anderen Geistern Verbindung aufnehmen zu können. Derjenige, der das Ritual durchführte, musste eine kleine Kapelle bauen und sich für diese Zeremonie sechs Monate lang zurückziehen.

Obwohl ich nicht sicher war, ob es Schutzengel oder Geister wirklich gab, fesselte mich die Idee. Ich nahm an, die Geister versteckten sich vielleicht irgendwo in meiner eigenen Psyche, denn die Psychoanalyse und die

Meditation hatten mir bewusst gemacht, dass es in meinem Geist, meiner Psyche und meinen Gefühlen solche verborgenen Orte gab. „Meinen Schutzengel anzurufen“ und dann einigen Geistern zu begegnen, schien ein vernünftiger Weg zu sein, mich bei der Erforschung meines Inneren weiterzubringen. Für mich war es nur ein weiterer Schritt, die geheimen Schichten meines Selbst zu entdecken.

Meine Partnerin und ich gaben also unseren Job im Verlagshaus in London auf und verschwanden im Atlas-Gebirge Südmarokkos. Wir fanden eine kleine, von einem Franzosen gebaute Jagdhütte, die achtzig Kilometer von Marrakesch und etwa fünf Kilometer von der nächsten Straße entfernt lag. In einer Höhe von ungefähr zweitausend Metern hatten wir im Winter manchmal bis zu zwei Meter Schnee. Im Sommer aber blickten wir zu den sich in die Lüfte erhebenden Steinadlern hinauf. Es gab weder Elektrizität noch fließendes Wasser. Wir benutzten die nahegelegene Quelle, Kerzen und Öllampen. Wir blieben zwei Jahre lang.

Die Zeremonie

Ich baute die erforderliche kleine Kapelle und begann mit dem täglichen Ritual von Gebet und Anrufung, wobei ich über meine Vergangenheit nachsann, um Verzeihung für begangenes Unrecht und dann um eine Begegnung mit meinem Schutzengel bat. Ohne recht zu wissen, was ich tat, gab ich mich bei dieser eindringlichen Zeremonie aus der westlichen Mysterientradition der geistigen Welt hin. Ich war sechsundzwanzig Jahre alt, und jene sechs Monate öffneten weit die Tore, und ich nahm die Welt der Devas, Engel und Geister wahr.

Während der ersten vier Monate verbrachte ich den Tag meistens im Gebet oder in der Kontemplation, las und wanderte durch das Tal. Ich lebte vegetarisch und schlief ohne Schlafmittel. Seltsam, es war mir nicht schwer gefallen, von den Rhythmen des Stadtlebens in die eines Daseins der Askese und Hingabe hineinzuschlüpfen.

Es überraschte mich nicht, allmählich in einen anderen Bewusstseinszustand zu gleiten. So wie viele andere Leute, hatte ich von Kindheit an manchmal das Gefühl, als sei alles lebendig. Bäume, Pflanzen, Wolken, Tiere, Felsen, Landschaften, alles sprühte vor Leben. Jetzt aber hörte ich nicht auf, den Pulsschlag und die Schönheit des Lebens in allen Dingen zu spüren und zu sehen.

Auf seelischer Ebene aber fühlte ich mich meistens beunruhigt und ängstlich. Doch die Kameradschaft, die mir nun die Landschaft schenkte, tröstete mich. Alles darin war ein Freund. Diese Beziehung schenkte mir eine solch tiefe Befriedigung, dass mir im Vergleich dazu menschliche Kameradschaft kompliziert und verwirrend zu sein schien.

Während der letzten Wochen dieser sechsmonatigen Zeremonie lag ich bis zu sechs Stunden am Tag auf meinen Knien, erzählte Gott von meinen Vergehen – ähnlich wie in der Psychoanalyse – und bat um Vergebung, um rein genug zu sein, mit meinem Schutzengel Verbindung aufzunehmen – was es in der Psychoanalyse nicht gab. Es war eine sehr intensive Periode; nichts in meinem gesellschaftlichen oder erzieherischen Umfeld hatte mich darauf vorbereitet. Hinzu kam, dass sich um die selbstgemachte Kapelle eine stark aufgeladene Atmosphäre aufzubauen begann.

Am Tage des zeremoniellen Höhepunkts betrat ich die Kapelle und entzündete eine Kerze und ein Räucherstäbchen. Ich kniete mich vor den Altar, begann inständig zu beten und erflehte eine Zwiesprache mit meinem Engel. Nichts geschah. Ich betete inständig weiter, aber es geschah immer noch nichts.

Verzweifelt und verwirrt, unfähig vernünftig zu gehen, taumelte ich ins Haus und warf mich auf mein Bett. Ich weinte und fiel bald in einen seltsamen Schlaf. Mein Körper wurde ruhig, und mein Geist ergab sich. Plötzlich schien mich eine Stimme in meinem Kopf aufzuwecken und in die Kapelle zu rufen.

Ich folgte ihr und kniete mich niedergeschlagen vor den Altar; mir war kläglich zumute. Und dann begann ich, die Gegenwart einer erhabenen Schönheit zu spüren.

Etwas Unsichtbares war anwesend. Ich erlebte ein weit ausgedehntes

Energiefeld, das warm und verzeihend über und in mir schwebte. Es liebte mich und unterschied sich von allem, was ich zuvor erlebt hatte. Es war eine besondere und wirkliche Wesenheit. Mit seiner Hilfe vermochte ich in den folgenden Tagen andere Geister herbeizurufen und ihnen zu begegnen. Seit dieser Zeit ist meine bewusste Beziehung zu der Deva-Welt nicht mehr abgebrochen.

Reflexion und Integration

Es heißt, der geistige Pfad besitzt seine eigene Weisheit, die uns oft überraschen mag. Unmittelbar nach diesen sechs Monaten warf mich eine Hepatitis nieder, und ich sah mich gezwungen, meine Aktivitäten einzuschränken. Ob es mir nun gefiel oder nicht, ich musste die Erfahrungen jener sechs Monate integrieren. Sechs Monate lang war ich ernsthaft krank und brauchte weitere achtzehn, um mich wieder völlig zu erholen. Es gab eine Zeit, in der ich wochenlang praktisch gelähmt war, da kein Sauerstoff angereichertes Blut mehr durch meinen Organismus kreiste.

Doch zurückblickend denke ich manchmal, dass ich ohne diese Krankheit vielleicht verrückt geworden wäre. Ich war sehr jung und sehr leidenschaftlich. Die Krankheit zwang mich, reif zu werden und leitete einen Prozess der Betrachtung und Integration ein.

Während jener langen Stunden der Kontemplation betrachtete mein skeptisch fragender Verstand sehr genau die Ereignisse dieser sechs Monate. Waren es Täuschungen gewesen? Oder war es reine Einbildung? Doch immer wieder kam ich auf das zurück, was ich tatsächlich erlebt hatte und nicht auf das, was mein geschulter Verstand zu rationalisieren versuchte. Obwohl ich die Ereignisse nicht in einer logisch zusammenhängenden Weise erklären konnte, so hatte ich doch diese unsichtbare Welt tatsächlich gespürt und erfahren. Sie war ebenso eine unleugbare und eindeutige Tatsache, wie der Wind die Zweige bewegt und das Wasser als Fluss hinunter ins Meer strömt. Mein Bewusstsein hatte sich für immer geöffnet, und ich konnte es nicht leugnen, selbst wenn mein rationaler Geist daran zweifelte. In Wahrheit liebte und liebe ich die Wirklichkeit der geistigen Welt. Ich fühlte mich heimisch darin. Ich fühlte mich gut, lebendiger und stärker mit allem Leben verbunden.

Trotz dieser tieferen Verbundenheit trennte mich mein neues Bewusstsein nicht vom menschlichen Leben. Ich gedachte nicht, der „wirklichen" Welt zu entfliehen. Ich ging nach England zurück, führte meine Studien zu Ende und begann eine Lehrtätigkeit.

Meine Fähigkeit, die geistige Welt wahrzunehmen, schmolz jedoch dahin, wenn ich emotional oder mental erregt oder übermüdet war oder wenn ich Alkohol getrunken hatte. Dann verschloß ich mich und war zu dumpf und „gepanzert", um die inneren Dimensionen zu spüren. Aber solange meine Lebensweise einigermaßen beständig blieb, vermochte ich die Deva-Welt ebenso leicht und klar aufzunehmen wie den Duft einer Rose. Sie war da, und ich öffnete mich für sie.

Meine Fähigkeit, die Geister wahrzunehmen, ließ mich auch nicht zum geistigen Adepten oder Heiligen werden. Ich blieb derselbe Mensch, der ich immer gewesen war und der sich mit denselben psychologischen Mustern auseinandersetzen musste. Ich habe mich oft als einen stillen Neurotiker bezeichnet.

Mein Bedürfnis nach persönlichem Wandel verstärkte den Wunsch, meine Empfindsamkeit beizubehalten und die Deva-Welt gründlicher zu erforschen. Für mich war die innere Welt wunderschön, und ich fühlte ein tiefes Bedürfnis nach dieser ausgleichenden Schönheit. Die Erfahrung meiner Verbindung mit der Deva-Welt führte mich zu einem innigeren und feinfühligeren Verhältnis zur Natur und unterstützte mich, indem ich die Kraft erhielt, ehrlich mit mir selbst auf meinem psychischen Weg und bei meiner inneren Heilung zu sein. Das Wichtigste für mich aber war vielleicht die Tatsache, dass ich die Geister wahrzunehmen vermochte, was meinem Leben einen tiefen Sinn gab und es froher gestaltete.

Ich wusste jedoch weder, was diese Devas und Geister waren, noch wie ich am besten mit ihnen zusammenarbeiten sollte. So begann für mich eine lange Periode des Experimentierens, der Nachforschung und der Schulung. Ich las viele Bücher. Besonders inspirierte mich "Der Tibeter", der Meister Djwal Khul, der zusammen mit Alice Bailey "Eine Abhandlung über kosmisches Feuer" schrieb. Aufgrund dieses Buches erkannte ich, wie die Devas nicht nur im Bereich der Form und der Natur wirken, sondern auch auf den emotionalen, mentalen und geistigen Energieebenen. Es trug auch dazu bei, dass ich nicht mehr versuchte, sie zu verstehen, als seien sie Menschen. Allmählich erkannte ich, dass sich ihr Bewusstsein völlig von dem unseren unterscheidet und begriff, dass ich mein Vorstellungsvermögen erweitern und meinen Geist ausdehnen musste, um ihre wahre Natur zu erfassen.

Heiler, Gärtner, Ritualisten, Künstler und Geschäftsleute

Ich fing auch an, Kurse über Devas zu geben. Es gehört zu den Binsenwahrheiten, dass die Lehrer das lehren, was sie selbst lernen müssen. Das traf auch auf mich zu. Am meisten habe ich dadurch gelernt, dass ich den Erlebnissen meiner Schüler zuhörte und sie zu verstehen suchte.

Meinen ersten Kurs über Devas gab ich im Sommer 1983 im Findhorn-Garten in Schottland. Mehrere hundert Leute leben in dieser ruhigen und stets auf Neuerungen bedachten geistigen Gemeinschaft. Sie glauben an die Welt der Devas, besonders aber an diejenigen, die mit der Natur und den Pflanzen arbeiten. Etwas ängstlich fragte ich mich zunächst, welche Art von seltsamen Leuten wohl einen solchen Kurs besuchten.

Doch bereits beim ersten Treffen stellte sich heraus, dass die Gruppe völlig normal zu sein schien - vierzehn Frauen und zehn Männer im Alter zwischen vierzehn und sechsundsiebzig. Nur eine einzige Frau war in durchsichtige, purpurfarbene Seide gehüllt, und das war eine Malerin. Zu den übrigen gehörten ein Computerfachmann, eine Sekretärin, ein Priester, ein

Schreiner, ein Geschäftsmann, ein Arzt, ein Sozialarbeiter, ein Schamane und ein Verkäufer. Während sich jeder einzelne Teilnehmer vorstellte, schwanden meine Bedenken. Es waren erwachsene, im Berufsleben stehende Menschen, die alle ihre eigenen Erfahrungen gemacht hatten, über die sie sich Klarheit verschaffen wollten. Im Mittelpunkt dieser Erfahrungen stand das bestimmte Gefühl von Zusammenarbeit mit und Inspiration aus einer anderen Dimension. Sie wollten verstehen, was geschehen war und wirkungsvoller damit umgehen.

Einige überraschende Einsichten, die sich aus diesem ersten Kurs ergaben, vereinfachten das Thema gewaltig. Alle Teilnehmer interessierten sich zwar für die Engel des Hauses, unterteilten sich erstaunlicherweise aber in fünf spezielle Gruppen – ein Muster, das sich bei allen meinen nachfolgenden Workshops wiederholte.

- Menschen, die im sozialen Bereich arbeiten: Heiler, Ärzte, Krankenschwestern, Lehrer, Sozialarbeiter, Berater und Therapeuten.
- Menschen, die mit Pflanzen und in der landschaftlichen Gestaltung arbeiten: Bauern, Gärtner und Gartenbauer.
- Menschen, die sich mit Zeremonie und Ritual beschäftigen: Priester, Nonnen, Priesterinnen des Wicca-Kultes (die moderne Religion der Hexenkunst als Gegenstück zur „Schwarzen Magie"), Schüler des Schamanismus und Okkultisten.
- Menschen, die im künstlerischen Bereich tätig sind: Maler, Schriftsteller, Architekten, Musiker, Dichter, Modeschöpfer und kreative Menschen ganz allgemein. Zu dieser Gruppe gehören manchmal auch Mathematiker, Programmierer und Ingenieure.
- „Geschäfts"leute: Büroangestellte, Unternehmer, Rechtsanwälte, Industrielle, Publizisten und Marketing Experten.

Diese fünf Gruppen bezeichne ich als Heiler, Gärtner, Ritualisten, Künstler und Geschäftsleute.

Unterschiedliche Kategorien, ähnliche Annäherungen

Im Laufe der vielen Sitzungen, die folgten, begann sich für die Zusammenarbeit mit den Geistern eine deutliche Richtlinie abzuzeichnen. Es war mir bis dahin niemals in den Sinn gekommen, dass es eine Ähnlichkeit geben könnte zwischen der Annäherung eines ordinierten Priesters und eines Gärtners oder eines Heilers und eines Geschäftsmannes. Doch alle diese Kategorien arbeiteten in Wirklichkeit in ähnlicher Weise. Alle diese Leute gaben zu, dass irgendeine unsichtbare und unterbewusste Hilfe zur Verfügung stand. Aus diesem Grunde hielten sie vor jeder Tätigkeit inne, um dieser Hilfe die Möglichkeit zu geben, sich zu nähern. Wenn auch in unterschiedlicher Art, so baten doch die meisten von ihnen, dass diese Hilfe nähertreten möge.

Aufgrund dieses Verständnisses entstanden zwei klar begrenzte Stufen der Zusammenarbeit mit den Geistern, was an späterer Stelle ausführlich beschrieben werden wird. Die erste Stufe besteht in der Einstimmung und die zweite in der Einladung. Auf meine Zeit in den Bergen zurückblickend, betrachtete ich die gesamten sechs Monate als einen solchen Prozess der Einstimmung und der Einladung.

Einstimmung

Bevor du mit einer Sache anfängst, nimm dir ein wenig Zeit, um Dich still auf die Tätigkeit und ihren Geist einzustimmen. Halte einige Minuten inne, werde ruhig und sinne still über Dein Vorhaben nach. Entspanne Dich und öffne dich, damit du das Wesen oder den Geist der Tätigkeit spürst. Viele Leute gehen instinktiv in dieser Weise vor - neu daran mag sein, es bewusst zu tun.

Einladung

Während du Dich in dem sanften und offenen Zustand der Kontemplation und der Einstimmung befindest, heiße den Geist willkommen. Dann – und das ist äußerst wichtig – danke dem Geist für seine Anwesenheit so, als sei er bereits zugegen.

Die Täuschung des „dritten Auges"

Im Laufe meiner ersten Workshops bemerkte ich, wie die meisten Menschen die Geister wahrnahmen und spürten. Die mystische Überlieferung ist voll von verwirrenden Auskünften in Bezug auf die Hellsichtigkeit und das „dritte Auge", ein unsichtbares Wahrnehmungsorgan, das sich in der Stirnmitte befindet. Es wird behauptet, dass eine hohe geistige Stufe erforderlich ist, damit dieses dritte Auge richtig funktionieren kann. Sollte man einen solchen Entwicklungsgrad erreicht haben, so heißt es, dann könne man die inneren Wesen und Energien in bunten Farben schauen.

Doch aus eigener Erfahrung und der Erfahrung vieler anderer Menschen, die sich damit beschäftigen, weiß ich, dass die klassische Beschreibung der Wirkungsweise des dritten Auges nur teilweise zutrifft. In Wirklichkeit haben wir alle ein Energiefeld, eine elektromagnetische Aura, und spüren, wenn sich etwas unserem Energiefeld nähert. Die Interpretation dieser Empfindung erfolgt über unsere gedankliche Vorstellung.

Die meisten von uns sehen weder genaue Bilder noch hören sie klare Töne. Gewöhnlich fühlen und spüren sie Veränderungen in der Atmosphäre, winzige Stimmungsschwankungen und neue Schwingungen in ihrem Energiefeld. Eindeutig sichtbare Bilder zu erwarten, mag naiv und enttäuschend sein. Es kommt nur darauf an, was man in seinem eigenen Energiefeld wahrnimmt. Auf diesen Vorgang werden wir an späterer Stelle ausführlicher eingehen.

Geister als Baumeister des Lebens

Eine dritte wesentliche Einsicht gewann ich aus diesen Unterrichtsklassen. Devas sind die inneren Baumeister aller Lebensaspekte. Die heutige Wissenschaft tut sich schwer bei der Frage, wie sich Energie, Partikel und Wellen zu kohärenten Atomen vereinigen. Die fehlende Substanz ist der Deva des Atoms, der zwei Funktionen erfüllt. Er stellt das Energiemuster oder den Bauplan des werdenden Atoms dar. Außerdem übt er eine magnetische Wirkung aus, indem er die gesamte Energie, die Einzelteilchen und Wellen in die Form des tatsächlichen physischen Atoms heranzieht und „klebt".

Bei allen Lebensaspekten haben die Devas diese zweifache Wirkungsweise. Sie enthalten die Muster oder Baupläne und ziehen die Elemente magnetisch an, die sie dann in die Form binden. Der Geist einer Pflanze trägt das genaue Muster der Blume und lenkt es in diese Form. Der Geist der Zeremonie geht in gleicher Weise mit den Elementen der Zeremonie vor.

Obwohl die Geister in einem zu unserer Welt parallel verlaufenden Reich leben, ist diese Dimension vollkommen mit unserer Ebene verwoben und unentbehrlich für sie. Um die Arbeit der Geister zu verstehen, braucht man nicht in eine andere Welt zu reisen, sondern nur das Bewusstsein für die Natur des Lebens und unser Dasein im Hier und Jetzt zu erweitern. Es handelt sich tatsächlich um eine völlig andere Dimension, aber jede Behauptung, sie sei unwichtig, bedeutet, ihre zentrale Stellung in der Lebensmatrix als solcher zu übersehen. Ganzheitlich betrachtet, ist die Existenz der Devas ebenso wirklich, wie wir es sind. Ihr Bewusstsein und ihr Wirken aber unterscheiden sich grundlegend.

Devas in der Stadt

Diese Einblicke in die Natur der Devas waren nicht rein intellektueller Natur; meine praktische Erfahrung mit den Geistern setzte sich fort. Zu meiner Überraschung, bestand sogar in der Stadt keine Schwierigkeit, die Vitalität und magische Lebenskraft, von denen Pflanzen und Bäume umgeben waren, zu spüren. Die tanzende Energie der Pflanzen- und Landschafts-Geister hebt sich deutlich von der Monotonie des Asphaltes und des Zementes ab. Wenn man in einem öffentlichen Park oder in einem Privatgarten spaziert, kann man die Lebendigkeit der inneren Energie deutlich wahrnehmen und die Devas fühlen, sobald man eine Weile innehält.

An einem öffentlichen Ort, wie dem Kensington Garten in London, gibt es ebenso viele Sagen und Märchen über Naturgeister, wie wir sie in irgendeinem Tal in Tibet finden können. In der nordwestlichen Ecke des Parks findet man in der Nähe eines Spielplatzes einen Baumstamm voller Elfenschnitzereien, die der Komödienschauspieler Spike Milligan liebevoll restaurierte. An dem gewundenen See steht die berühmte Statue von Peter Pan mit seinen gertenschlanken Elfengestalten. Die bekannte Okkultistin Christine Hartley warnte mich einmal vor den Geistern, die in Wurzeln einiger großer Bäume im Kensington Garten wohnten. Ihr zufolge besaßen sie eine düstere und niederdrückende Schwingung, vor der sich kleine Kinder und nervlich angeschlagene Leute fürchteten. Nach dem Tode von Diana, der Prinzessin von Wales, im Jahre 1997, wurden in einem Bereich des Parks Blumen als Zeichen der Anerkennung zu einer spektakulären Anrufung der Geister, was überall in der Welt mitverfolgt werden konnte.

Ritual und Zeremonie

Aber nicht nur in Parks und an offenen Plätzen gibt es Geister. Die Ökologie der Engel in den Städten zeigt sich gewöhnlich genauso fabelhaft wie die der Regenwälder. Riesige Devas konzentrieren ihre Tätigkeit auf die religiösen Zeremonien in den Kirchen, Tempeln und anderen Orten der Gottesverehrung. Die Städte des zwanzigsten Jahrhunderts erleben die gleiche Beteiligung der Geister, wie es bei den religiösen Zeremonien der Stammesgemeinschaften oder der frühen Christenheit der Fall gewesen ist.

Als ich das entdeckt hatte, zogen mich Gemeinschaften mit einem starken Sinn für Rituale besonders an, wie die Christenkirche mit ihrer Messfeier, der Eucharistie oder heiligen Kommunion, sowie ein bestimmter Zweig der Freimaurer. Die Rituale der katholischen und orthodoxen Tradition zeichnet eine besonders tiefe Magie aus. Einige Mystiker haben sogar die Eucharistiefeier als die höchste Zeremonie der westlichen Kultur beschrieben. Wenn die Zeremonien der Freimaurer korrekt durchgeführt wurden, verwandelte sich der Tempel in eine Art magisch heiliger Theaterbühne mit einer sprühend lebendigen Atmosphäre. Die wiederholte Durchführung dieser Rituale gab mir den Raum und die Zeit, still dazusitzen und über ihre Energien und ihre Stimmung nachzusinnen.

Unsicherheit und Illusion

Zu diesem Zeitpunkt nahm ich an einem Kurs teil, der sich hauptsächlich mit dem Studium von Stammesgemeinschaften befasste und sah mich in Bezug auf die Frage der geistigen Welt wissenschaftlicher Feindseligkeit gegenüber. Die Riten und religiösen Praktiken jener Menschen interessierten mich natürlich ganz besonders, aber die wissenschaftliche Deutung lief darauf hinaus, dass es sich bei den Ritualen und dem Verhältnis zu den Geistern lediglich um geistige Projektionen handelte, die in irgendeiner Weise den psychosozialen Bedürfnissen dieser Völker dienten. Mit anderen Worten, die Stammesangehörigen waren hoffnungslos naiv und hatten aufgrund ihrer Unsicherheit angesichts der unkontrollierbaren Elemente dieses imaginäre Universum geschaffen, das es ihnen möglich machte, sich vorzugaukeln, ihre Umwelt zu kontrollieren.

Mein eigener Vater, ein Freudscher Psychiater, teilte diese Ansicht und konnte sich nicht dazu durchringen, der Tatsache ins Auge zu blicken, dass ich mich für zwei Jahre nach Marokko zurückgezogen hatte, um meinem Schutzengel zu begegnen. Er fühlte sich wohler bei dem Gedanken, dass ich mich als Steuerhinterzieher ins Ausland abgesetzt hätte! Eine solche Vorstellung schenkte ihm psychologische Sicherheit. Die allgemeine Feindseligkeit der Akademiker gegenüber den Geistern ist nicht ein Zeichen ihrer Weisheit, sondern ihrer Unsicherheit angesichts einer Realität, die sie weder kontrollieren noch verstehen können.

Erst seit kurzem hat die westliche Zivilisation begonnen, damit aufzuhören, den „primitiven" Geist und die Vorstellung der Kinder von oben herab zu behandeln. Endlich fangen wir an zu begreifen, dass es sich bei der Unterdrückung oder Abweisung der primitiven und kindlichen Vorstellung nicht um ein Zeichen von Reife oder Zivilisation handelt. Es ist vielmehr der Verlust eines unserer größten Vorteile – der schöpferischen Verbundenheit mit der Freude und dem Geist allen Lebens. Um die Geister zu verstehen, brauchen wir nur auf unseren natürlichen Instinkt für den Animismus zurückzugreifen.

Interessanterweise hatte ich mein stärkstes und unerwartetes Erlebnis mit den Stadtgeistern in einer Zeit, in der ich mich täglich in der Gesellschaft von Akademikern befand, die noch die alten Ansichten vertraten.

Der Engel von London

Ich hatte alte Karten von London studiert und etwas über die Gestalt und die Geschichte dieser Gegend gelernt, bevor die Gebäude von den Feldern, Wäldern, Hügeln und Tälern Besitz ergriffen hatten. Eines Morgens radelte ich zum College und fühlte mich plötzlich mit einer wunderschönen Wesenheit verbunden, die mir als der Geist der Stadt, der Engel von London, bekannt war. Ich hatte eigentlich nicht geglaubt, dass London seinen eigenen Engel besaß, doch sobald ich diese Verbindung spürte, wurde es mir klar. Im Altertum besaßen alle Großstädte, Städte und Dörfer ihren Schutzgeist oder ihre Schutzgottheit. Die Wesenheit schien mich begleiten und mir einige Plätze zeigen zu wollen. Ich konnte ihre Anwesenheit ganz deutlich in meinem Energiefeld spüren, und mein Geist nahm ohne weiteres an, was ihre Botschaften oder ihre Inspiration zu sein schienen.

Während der nächsten sechs Monate führte sie mich durch London, wobei sie auf das Fließen der Landschaft hinwies, mir verschiedene Energiezentren der Natur zeigte und mir auch sagte, welche Elemente der Stadtplanung und welche architektonischen Bereiche sie mochte. Sie führte mich zu kleinen Gärten und Parks, die sich manchmal hinter Kirchen verbargen, die ich noch nie zuvor gesehen hatte. Es war wunderbar, die Naturkräfte zwischen den Ziegeln und dem Mörtel der Stadt zu spüren. Sie zeigte mir auch Orte der Andacht, der Erziehung und der Unterhaltung, deren besonderen Energiestrom sie schätzte.

Manchmal überraschten mich ihre Vorlieben. Ihr Lieblingsort war der halbmondförmige Platz am Nordufer der Themse, in dessen Mitte das ägyptische Denkmal steht, das auch "Kleopatras Nadel" genannt wird. Sie liebte die Art, in der alles im Einklang mit der Strömung des Flusses angeordnet war. Andererseits aber überraschte mich auch ihre Abneigung gegenüber den berühmten "Nash Regency Terraces" im Regents Park; sie blockierten den natürlichen Fluss der Erdenergie vom "Parliament Hill" und "Primrose Hill" hinunter in die Stadt, und hinzu kam, dass es dort keinen gesunden Fluss menschlichen Lebens gab.

Sie machte mich auch mit den Heilengeln bekannt, die selbst die größten und hoch technisierten Krankenhäuser überstrahlen und mit ihnen arbeiten. „Die Krankenhäuser scheinen rau zu sein", schien sie zu sagen, „aber fühle die Heilenergie, die in ihnen schwingt. Gehe bei Nacht die Stationen entlang und spüre die heilende Fürsorge. Diese wird zu einem großen Teil vom Personal kanalisiert. Die Patienten und das Pflegepersonal drängt es, die Kraftfelder vollkommener Heilung umzusetzen, die von den Heilengeln getragen werden."

An einem Morgen im Frühling fühlte ich mich in der Dämmerung von ihr zum Primrose Hill gerufen, einer uralten Stelle, an der die Druiden immer noch Zeremonien abhalten und die sich einer spektakulären Aussicht über das südliche London rühmt. Es war Vollmond, und ich hatte die Kuppe des Hügels noch vor Sonnenaufgang erreicht. Ich saß still da und meditierte und wartete darauf, das wahrzunehmen, was sie mir zu zeigen gedachte.

Als die Dämmerung den Himmel überzog, konnte ich den üblichen frischen, lebendigen Energiestrom spüren, der langsam durch die Landschaft zieht, sobald das erste Sonnenlicht die Dunkelheit allmählich grau, dann weiß und schließlich klar werden lässt. Plötzlich fühlte ich, wie der Engel sein gesamtes Energiefeld emporzuheben und auszudehnen schien, um so viel wie möglich von der Vitalenergie des Morgens aufzunehmen. Ihre Bewegungen waren langsam, ausladend und wunderbar. Dann spürte ich den durch sie hindurchfließenden Strom, der als ungeheure Fluten von Vitalität durch die Stadt geschwemmt und in alles natürliche Leben darin geleitet wurde. Die Lebenskraft strömte überall hin, in Bäume, Sträucher und Pflanzen, in die Parks, Gärten und Hinterhöfe, in die kleinen Kästen am Fenster und in die Unkräuter, die in den Pflasterrissen wuchsen. Die Haustiere und alle Tiere der Stadt und auch die Menschen nahmen dieses Geschenk auf.

Die Bewegung durch ihren Energiekörper dauerte vielleicht zwanzig Minuten und flaute dann ab.

„Wunderbar", meinte ich. „Machst du das bei jedem Vollmond?"

„Nein, nein, mein lieber Junge", kam die Antwort. „Ich mache das jeden Morgen."

Durch mein Erlebnis mit diesem Engel wusste ich nun von der tatsächlichen Existenz der Engel einer Stadt, die zum Alltag der meisten antiken Kulturen gehörten. Es ist unmöglich, die Wurzeln der westlichen Kultur in Rom und Athen zu sehen und dann die Gottheiten dieser Städte zu übergehen.

Wiederherstellung eines Elfenrings

Neben meinen Erfahrungen mit den Devas der Stadt lernte ich auch die Devas der Landschaft kennen. Ich möchte dieses Kapitel mit dem nahezu klassischen Bericht von einer Begegnung mit den Naturgeistern beenden, der zeigt, wie ein rein energetisches Erlebnis unweigerlich in archetypische Bilder übertragen wird.

Als mein Sohn noch klein war, lebten wir in einem Bauernhaus auf dem Lande. Jeden Tag nahm ich James in einem Träger auf den Rücken, und zusammen mit unserem Hund, einem Collie namens Blue, wanderten wir beide durch die nahe gelegenen Wälder. In einem Teil des Waldes zog eine Stechpalme immer wieder meine Aufmerksamkeit auf sich. Ihre überhängenden Zweige bildeten eine kleine Kuppel mit einem Durchmesser von etwa zweieinhalb Metern. Die Erde darunter war nackt, und es lag ein gewisser Zauber über diesem kleinen Ort.

Jeder, der auf dem Lande spazierengeht, weiß, dass es gewisse Plätze gibt, die von einer Atmosphäre spielerischer Magie erfüllt sind. Manchmal bilden diese Stellen einen von Pilzen eingefassten Kreis. Im britischen Volksmund heißen sie auch Elfenringe. Ein solcher Elfenring schien sich unter jener Stechpalme zu befinden, den nun Unkräuter und Dornengestrüpp überwucherten. Als ich an einem Frühlingsmorgen dort vorbeiging, hatte ich deutlich den Eindruck, dass man mich bitten wollte, ihn zu säubern. Dieser Eindruck erfasste mich jedesmal, wenn ich an jener Stelle vorbeikam, aber ich unternahm nichts.

Der Sommer kam, und immer noch tat ich nichts. Als der Herbst nahte, empfand ich eine gewisse Reue, sogar Scham. Schließlich nahm ich bei unserem nächsten Spaziergang eine Heckenschere mit. James war inzwischen so weit, dass man ihn aufsetzen konnte. Ich stützte ihn also ab, gab ihm einen Zweig in die Hand und kroch in den Elfenring.

Das Kind und der Hund störten mich nicht, als ich den Platz unter dem Baum wieder freilegte. Ich befreite den Boden von alten Steinen, Zweigen und Abfall, bis die Kuppel und der Kreis wieder einwandfrei aussahen. Eigentlich gab es dort zwei Elfenringe, einen mit einem Durchmesser von gut zwei Metern und an seiner Seite einen zweiten mit einem Durchmesser von etwa sechzig Zentimetern. Ich hatte die materielle Wirklichkeit gesäubert, damit sie dem inneren Muster entsprach.

Nach einer halben Stunde war ich mit der Arbeit fertig, und der sechzehn Monate alte James hatte unterdessen still und glücklich dagesessen. Wer oder was hatte ihn in der Zwischenzeit wohl unterhalten? Ich nahm ihn auf und meditierte einige Minuten, wobei ich mich auf den Elfenring konzentrierte. Ich entschuldigte mich, dass ich so lange gebraucht hatte, die Arbeit endlich zu erledigen, die zwar nicht vollkommen war, von der ich aber hoffte, dass sie als ein Zeichen dafür angesehen wurde, dass sich ein menschliches Wesen für das Deva-Reich öffnete.

Am folgenden Tag nahm ich James und Blue wieder mit auf unseren üblichen Spaziergang. Plötzlich bemerkte ich eine starke spielerische Aktivität in meinem Energiefeld. Der ganze Weg und das umliegende Gebiet waren erfüllt von zwitschernder, tanzender Deva-Energie. Eine Prozession schien zu warten, um uns zu der Stechpalme zu führen. Es war ein dankbarer, festlicher Aufmarsch.

Ich konnte mir nicht helfen, aber vor meinem geistigen Auge entstanden Bilder von Zwergen mit spitzen Hüten und zerbrechlichen, rosa Geschöpfen mit schillernden Flügeln. Blumen und Grashalme wurden wie Fahnen hochgehalten, und sie spielten auf seltsamen kleinen Streichinstrumenten, Trompeten und Trommeln. Der ganze Wald schien von der Freude dieses Geschehens widerzuhallen.

Als wir den Baum erreichten, schien ein eher formeller und feierlicher Dank an mich entrichtet zu werden. Ihr Dank beschämte mich, da ich die einfache Arbeit so lange hinausgezögert hatte. Aber sie waren dankbar für die menschliche Anteilnahme.

Dann kleideten sie mich in grüne Strumpfhosen und gaben mir Elfenschuhe mit nach oben aufgebogener Spitze, eine Jacke mit Quasten, grüne Handschuhe und einen grünen Hut. Den kleinen James bekleideten sie in ähnlicher Weise, gaben ihm aber keinen Hut. Ich fragte nach dem Grund. „Er wird nur dann einen Hut erhalten", war die Anwort, „wenn er selbst etwas für uns getan hat. Er hat einen Blick für uns, aber er muss wirklich etwas für uns tun."

Wir beobachteten, wie sie im Elfenring im Kreise tanzten, und die Babyelfen dasselbe in dem kleineren Ring nachmachten. Später wurden wir den Hügel hinuntergeleitet.

Als James heranwuchs, zeigte ich ihm verschiedene magische Orte und sprach mit ihm über jenes Erlebnis und über die Naturgeister ganz allgemein. Er wurde ein zäher junger Bursche, aber er hielt sein Energiefeld offen und vermochte sie leicht wahrzunehmen. Mit sechzehn Jahren kam er eines Tages, nach einem Wochenende auf dem Lande, zu mir.

„Jetzt habe ich meinen grünen Hut", berichtete er und erklärte, er habe einen anderen Elfenring gesäubert und gefühlt, wie sie dankbar auf ihn zugekommen wären.

Wenn ich manchmal in fremde Länder reise, spüre ich, wie die Naturgeister hervorkommen, um mich zu beäugen, denn sie merken, dass ein Verhältnis der Zusammenarbeit zu ihnen besteht. Sie hocken sich dann um mich herum und diskutieren, ob ein weltoffener Mensch aus dem Westen tatsächlich mit ihnen zusammenarbeiten könnte.

„Oh ja, das kann ich", lasse ich sie wissen.

„Beweise es", lautet ihre Antwort.

„Ich brauche nichts zu beweisen", versichere ich ihnen. „Schaut, was ich trage."

Wenn sie meine grüne Kleidung sehen, die zu den Elfen und Naturgeistern Englands gehören, das ursprünglich Engelland hieß, dann glauben sie mir. Trotzdem möchten sie gerne, dass ich ihnen einen Beweis liefere, was ich dann manchmal auch tue.

Es gibt natürlich Leute, vor allem Skeptiker, Zyniker und Wissenschaftler, die eigentlich möchten, dass ich alles beweise. Unglücklicherweise können sie meine hübsche Elfentracht nicht sehen. Sie könnten jedoch meine Doktorurkunde sehen. Ich selbst schätze meinen Doktorgrad genauso hoch ein wie meine Elfentracht.

4

Unsichtbare Begleiter durch das Universum

In diesem Kapitel wollen wir zunächst einen Blick auf die verschiedenen Arten von Naturgeistern werfen und der faszinierenden Frage nachgehen, wie sie wohl aussehen.

Andererseits stellt sich die Frage, wie sie uns Menschen aus ihrer Sicht sehen. Vielleicht sind wir für sie nur Farben und Klänge. Vielleicht erfühlen sie uns in den Atomen und Molekülen, aus denen wir zusammengesetzt sind. Vielleicht sehen sie in uns ein Energiesystem, vergleichbar mit einer russischen Puppe, in der zwölf kleinere stecken. Ich vermute, sie betrachten uns als eine ebenso natürliche Schöpfung der universalen Lebenskraft wie alles andere im Kosmos auch. Wir sind ebenso faszinierend, dynamisch und natürlich wie die vielschichtige Ökologie eines Regenwalds oder die Strömungen von Wind und Wolken in einem Wettersystem.

Es gibt eine wunderschöne Aussage von Alan Watts, in der die Natürlichkeit des Menschen zum Ausdruck kommt. „Wir kommen nicht in die Welt, wir kommen von ihr, wie die Blätter eines Baumes. Wie der Ozean wogt, so „menschelt" das Universum. Jedes Individuum ist ein Ausdruck des gesamten Naturreichs, eine einzigartige Tat des ganzen Universums."

Animismus, Energiefelder und unsichtbare Partner

Den meisten Menschen fällt es nicht schwer sich vorzustellen, dass eine Blume einen unsichtbaren Partner besitzt. Der Duft und die Ausstrahlung der Blume führen uns zu diesem Punkt, und ihr Energiefeld ist nahezu fühlbar. Bei diesem Energiefeld handelt es sich aber nicht um eine Ausstrahlung, die von der materiellen Pflanze ausgeht, sondern es besteht aus sich heraus, es ist ein Wesen, das in seiner ihm eigenen Dimension existiert und das den Bauplan oder das Muster für diese Pflanze trägt.

Wenn der Same sich zu einem Schössling und weiter zu einer grünen Pflanze entwickelt, die schließlich erblüht, wird dieser Prozess von dem Deva begleitet. Er umgibt die heranwachsende Pflanze mit dem Energiefeld für ihr Wachstum.

Einen solchen unsichtbaren Partner gibt es aber nicht nur in der Pflanzenwelt. Jeder Lebensaspekt – des Mineral-, Pflanzen-, Tier- oder Menschenreichs – hat seinen inneren, unsichtbaren Begleiter, der sein Energiemuster hält. Alles Existierende, sichtbar oder unsichtbar, trägt seine eigene Idee in sich. Diese Ideen sind wirkliche und lebendige Wesen, die ein entsprechendes und ineinandergreifendes Universum bewohnen. Wie ich im ersten Kapitel bereits erwähnt habe, gründeten sich im Laufe der Geschichte und in zahlreichen Kulturen die animistischen Religionen auf dieses Konzept.

Da die Deva-Welt unzählige Geistwesen umfasst, die von dem Geist eines Atoms bis zu dem eines Planeten reichen – von winzigen Elementalen bis zu erhabenen Erzengeln – scheinen sie sich ebenso voneinander zu unterscheiden wie ein Kieselstein von einem Baum oder eine Schnecke von einer Giraffe. Es sind Energiewesen, die keine materielle Form besitzen.

Obwohl ihnen der menschliche Aspekt fehlt, ist es durchaus verständlich, dass wir ihnen menschliche Züge verleihen. Auf diese Weise kann unser Verstand sie eher begreifen. Wir verwandeln diese Wesen in menschliche Gestalten, um sie leichter annehmen zu können. Es scheint tatsächlich unmöglich zu sein, an ein Geistwesen zu denken, ohne ein menschliches Bild von ihm zu entwerfen.

In den nächsten beiden Kapiteln wollen wir darüber sprechen, wie wir die Devas spüren und wahrnehmen. Wichtig ist es zu erkennen, dass wir diese Wesen in unserem eigenen Energiefeld fühlen und unser Verstand diese Empfindung interpretiert, indem er ein entsprechendes Bild projiziert.

Auch ich habe meine Neugierde in Bezug auf ihr wirkliches Aussehen nicht unterdrücken können und einmal einige Monate damit zugebracht, regelmäßig über diese Frage nachzusinnen, indem ich versuchte, die Muster ihrer Energiekörper zu fühlen und zu sehen. Der immer wieder auftauchende Eindruck war der einer tanzenden, zweifachen Energiespirale, überdacht von einer Faserstruktur, die an eine Qualle mit einem wirbelnden Körper erinnerte. Andere Leute haben ähnliche Bilder wahrgenommen.

In einem früheren Buch habe ich behauptet, dass dieser zweifache Wirbel, der sich nur in seiner Größe und seiner Schwingungsrate unterscheidet, die Gestalt der Devas ausmacht. Zehn Jahre später bin ich mir nicht mehr so sicher und frage mich, ob ich meine Erfahrung nicht in das bekannte Bild der Doppelspirale des DNS-Moleküls kleidete, die zu den Chromosomen gehören, die den Bauplan und die genetische Information für die Entwicklung eines Pflanzen- oder Tierkörpers tragen. Es gibt zahlreiche andere Spiralen im Universum, zu denen auch die Gestalt der Galaxien gehört. Andererseits aber könnten alle diese Spiralen auch Widerspiegelungen der Energiekörper von Devas sein.

Gewöhnlich aber entsprechen die Bilder, die sich der Mensch von einem Geistwesen macht, dessen Schwingung oder wie der Mensch sie empfindet. So ist etwa das Energiemuster einer Blume klein und zierlich. Wenn sich die Leute auf dieses Energiemuster einstimmen, verwundert es nicht, wenn sie ihm die Gestalt einer grazilen Tänzerin beilegen.

Dieselben Geister, unterschiedliche Bilder

Verschiedene Kulturen haben unterschiedliche Vorstellungen von denselben Geistern. Der Besuch eines anthropologischen Museums wird über die Fülle dieser Verschiedenartigkeit Aufschluss geben. Betrachten wir einmal jene Naturgeister, die sich um die Pflanzen, Tiere und Landschaften kümmern. In Europa stellt man sie sich als Gestalten vor, die halb Mensch und halb Ziege sind – Faun, Satyr oder Pan. Die Hopis Nordamerikas sehen in ihnen gefiederte Cochinas, halb Mensch und halb Adler. In vielen afrikanischen Kulturen werden sie als Holz-, Blatt- und Strohgeschöpfe gesehen, halb Mensch und halb Pflanze. Dabei handelt es sich um dieselben Geister, die, dem jeweiligen Kulturkreis entsprechend, Gestalt annehmen.

In der klassischen Mythologie des Mittelmeerraumes begreift man diese Naturgeister als Faune, die sich als Pan-Figuren entwickeln. Überall auf der Welt findet man solche Naturgeister, deren mythologisches Erscheinungsbild die Beziehung der jeweiligen Kultur zu ihrem heimischen Pflanzen- und Tierleben widerspiegelt – Adlerwesen, in Laubwerk gehüllte „grüne Männchen“, Holz- und Blattgeister und so fort.

Manchmal neigt der Mensch sogar dazu, sein Empfinden nicht nur in eine Gestalt zu kleiden, sondern dieser auch einen Ton oder einen Geruch beizugeben. Viele Leute vernehmen helle Klänge, wenn sie den Geist einer Blume wahrnehmen. Einige Musen und Devas der Zeremonie werden häufig mit einem Musikinstrument dargestellt, mit Harfen, Flöten oder Trompeten, was darauf hinweist, dass man sie „hört“ und „sieht“. (Ein Beispiel dafür ist meine persönliche Erfahrung, die ich zum Schluss des Kapitels drei beschrieben habe.) Der Verstand mag auch den Eindruck von Geruch hineinprojizieren. Wenn ich einen faunartigen Geist in unsere Unterrichtsklasse einlud, nahmen einige Teilnehmer oft einen moschusartigen Geruch von tierischer oder organischer Substanz wahr.

Man kann auch ein klares Empfinden für die Größe haben. Es leuchtet durchaus ein, dass der Geist eines Berges sehr groß sein muss. Wenn ich eine Gruppe bitte, sich auf einen Baum-Deva einzustimmen, fühlen sie, dass dessen Energiekörper den Baum überragt. Während einer Übung, bei der ein Pan mit der Gruppe Verbindung aufnimmt, empfinden die Leute oft, dass dieser doppelt so groß ist wie ein durchschnittlich großer Mensch.

Devas sind zweifelsfrei Energiewesen, die keine materielle Form besitzen, von den einzelnen Kulturen aber in deren jeweiligem Verständnis wahrgenommen werden. Außerdem mögen einige Devas die Projektion des Menschen aufgrund dessen anhaltender Gedankenkraft in ihren Energiekörper aufnehmen. Wenn man etwa das Bild einer „Elfe“ oft genug denkt und projiziert, kann das Gewand einer Elfe geschaffen werden. Die eigentliche Form aber bleibt tanzende Energie.

Wir wollen nun einen Blick auf die allgemeine Schar der Engel und Naturgeister werfen, die wir in den meisten Kulturen finden.

Elementale

Die winzigsten Devas, die der Mensch erkennt, sind die Elementale der Erde, des Wassers, der Luft und des Feuers. Diese Wesen helfen, das Gewebe der materiellen Welt zusammenzuhalten.

Erde

Die Erd-Elementale stellt man sich gewöhnlich als kleine, dunkelfarbige Geschöpfe von untersetzter Gestalt und mit flächigen Gesichtern vor, die Eimer und Spaten tragen. Die klassische Vorstellung dieser Erdwesen gibt Walt Disneys Film "Schneewittchen“ wieder, in dem die sieben Zwerge fleißig in ihrer Kristallmine arbeiten.

Solche Wesen sind oft von einer dichten, beengenden Atmosphäre umgeben, weshalb man sie sich gerne als mürrische und mißmutige Gesellen vorstellt. Kobolde, Gnome und Zwerge, sie alle besitzen diese Eigenschaft, doch das Empfinden von Trübsinn entspringt der Art und Weise, in der wir sie in unserem eigenen Energiefeld wahrnehmen, wenn sich unsere Schwingungen tiefer als gewöhnlich in die dichte Materie hinabsenken. Die physische Schwerkraft scheint eine entsprechende emotionale Schwerkraft zu schaffen.

In vielen Kulturen haben sich diese Erd-Elementale zu Fabelwesen wie Drachen und kilometerlangen Erdwürmern entwickelt, die sich tief im Erdinnern an den Energielinien und Erdrissen entlang bewegen. Der feuerspeiende Drache ist eines dieser mächtigen Erdwesen, die mit Erdbeben und Vulkanen in Zusammenhang stehen. Die riesigen Erdwürmer der Mythologie sind die großen Naturgeister, die für das unsichtbare Energienetzwerk der Erde sorgen. Diese Geschöpfe gleiten die Erdmeridiane entlang, die den Energielinien des menschlichen Körpers entsprechen.

Wasser

Den Zauber der Deva-Welt des Wassers kann man sehr leicht erfühlen, besonders dann, wenn sich das Wasser bewegt. Hier tummeln sich die Undinen. Quellen, Ströme, Wasserfälle, Flüsse, Seen und Meere sind erfüllt von diesen Wesen. Manche Stellen, an denen Wasser hervorquillt, werden oft als heilige Orte betrachtet, an denen man ein Heiligtum erbaut oder den Geistern opfert. Vielen dieser Quellen, wie etwa der Gralsquelle "Chalice Well" in Glastonbury, sagt man nach, dass es dort einen Heilengel gibt. Wenn auch unbewusst, so opfern die Leute heute noch den Geistern, indem sie Münzen in die Brunnen werfen.

Die Anwesenheit von Engeln in den Flüssen ist schon lange bekannt. Der Ganges in Indien wird von einem so reinen und mächtigen Geist bewohnt, dass man den Fluss selbst als Gott betrachtet. Kilometerlang erstrekken sich an seinem Ufer in der Höhe der Stadt Benares die Heiligtümer, Pavillons und Türme. Auch die Flüsse Nil und Euphrat betrachtet man in dieser Weise und bringt ihnen Opfer dar. Menschen mit einem Gespür für die Naturgeister werfen selbst in der heutigen Zeit noch Geschenke in die Londoner Themse, die in Europa einst als ein heiliger Fluss galt und nach der ägyptischen Göttin Isis benannt wurde. Hier haben Archäologen Beweismaterial für großartige Rituale entdeckt, bei denen Gaben, darunter Schwerter, Kelche und Schutzschilder, in den Fluss geworfen wurden.

Die anziehende Verspieltheit der Wassergeister des Meeres findet ihren mythologischen Niederschlag in den Märchen über die Meerjungfrauen. Diese vollkommene Vermenschlichung eines Energiestroms kommt in den gleitenden Fischschwänzen, verlockenden Körpern, den langen seidenen Haaren und dem Gesang zum Ausdruck, mit dem die Meerjungfrauen die Seeleute betörten. Doch das Meer ist Wohnstatt für viel mächtigere Wesen, wie Titan und Neptun.

Luft

Sylphen und Luftgeister kann man immer in den Brisen und Windböen sehen und fühlen. Man sieht sie zwischen den sich bewegenden Blättern tanzen und durch die Wolkengebilde huschen, die sie am Himmel entlangjagen. In der europäischen Romantik sind die Sylphen zu den klischeehaftesten Elfen und Engelchen in durchsichtigen Gewändern und mit seidenen Flügeln geworden. Manchmal wurden sogar pausbäckige Cherubim daraus, die durch flaumig weiße Wolken pusten.

Die größere Form der Luftwesen betrachtet man als Wetterengel, die die Klimaströme rund um die Erde tragen. In Nordamerika ziert die Spitze der Totempfähle der mit einer Adlernase versehene Wettergott, der Donnervogel. Überall auf der Welt hat die Menschheit versucht, sich mit diesen Geistern wegen ihrer fühlbaren Auswirkungen auf das Wetter und die Landwirtschaft zu verbinden. Die Schamanen führen oft Rituale durch, um sie zu beeinflussen.

Mehrere meiner Freunde haben gelernt, mit diesen Luftgeistern zusammenzuarbeiten, die sie um Beistand bitten, wenn sie eine Gruppe zum Arbeiten in die Landschaft hinausführen. Einer von ihnen setzte sich in Findhorn zur Meditation nieder und bat um einen sonnigen Nachmittag für einen bestimmten Tag. Leicht verwirrt, aber lächelnd kam er aus der Meditation und meinte: „Ich habe den Eindruck, irgendjemand hat am Wetter gearbeitet. Ich glaube nicht, dass ich bekommen kann, was ich will.“ Wir fanden tatsächlich heraus, dass ein indianischer Lehrer, der dort zu Besuch war, an jenem Morgen eine Wetterzeremonie durchgeführt hatte.

Feuer

Gibt es wohl irgendjemanden, der ins Feuer geblickt hat und nicht von den kleinen Feuer-Elementalen, den Salamandern, begeistert gewesen ist? Die Flammen sind lebendige Geschöpfe. Man stelle sich die Wesen vor, die den Kern dieser Flammen bilden. Sie reichen vom winzigen Elemental einer

Kerzenflamme bis hin zur Herrlichkeit der Sonne. In ihrer wunderbarsten Form sind es die Geister des Feuers und der Hitze im Erdinnern und die Feuerengel der Sonne. Haben Sie schon einmal darüber nachgedacht, warum das Anzünden einer Kerze, wenn es in einer besonderen Absicht geschieht, einen solchen Zauber verbreitet? Die Atmosphäre verwandelt sich fast augenblicklich. In nahezu allen Religionen flackern in den Stätten der Anbetung Lampen und Kerzen als Zeichen der Verbindung zu den Feuergeistern.

Es gibt eine wunderbare Meditationsübung, bei der nur über den inneren Sonnengeist nachgedacht wird. Das wohl älteste Gebet an die Sonne, das Gayatri-Mantra aus der uralten Hindu-Tradition, weist auf eine ehrfurchterregende Dimension der Deva-Welt hin.

Oh, du, der du das Universum erhältst,
Aus Dem alle Dinge hervorgehen,
Zu Dem alle Dinge zurückkehren,
Enthülle uns das Antlitz der wahren geistigen Sonne,
Verborgen hinter einer Scheibe goldenen Lichtes,
Dass wir die Wahrheit erkennen mögen
Und unsere Pflicht erfüllen,
Auf unserer Wanderung zu deinen heiligen Füßen.

Die Natur

Pflanzen

Die bekanntesten Devas sind die Begleiter der Pflanzen, von der winzigsten Wildblume bis zum mächtigen Redwood-Baum. Hast du jemals flach auf dem Boden gelegen und durch das Gras oder eine Wiese geschaut? Auch in dieser faszinierenden Mikrowelt gibt es kleine Wesen. Wenn jedes Atom seine winzige Deva-Essenz besitzt, die es zusammenhält, dann hat auch jede kleine Pflanze ihren Geist. Mehr noch, jede Knospe, jedes Korn und jede Blume hat ihren beziehungsweise seinen eigenen winzigen magischen Energiebegleiter. Der Theosoph C.W. Leadbeater verglich diese winzigen Devas mit Ameisen und Bienen.

Wenn es heißt, dass man die Naturgeister nur an besonderen Orten finden kann, versteht man sie nicht richtig. Überall dort, wo zwischen den Steinen ein Unkraut oder Grasbüschel wächst, wird man Elfenleben beobachten können. In den Blumenkästen oder im Garten, in den Bäumen und Pflanzen, die in der Stadt oder am Rande verkehrsreicher Straßen wachsen, gibt es Naturgeister. Sie setzen sich mit der groben Einmischung menschlicher Zivilisation in der gleichen Weise auseinander wie mit der rohen Kraft der Elemente. Wir sind nur ein Teil der Natur, manchmal hart und aggressiv, manchmal kooperativ und hilfreich.

Sobald das Wurzelwerk einer Pflanze stofflich wird, arbeiten neue Devas an der Wechselbeziehung von Pflanze und Erde und der Aufnahme von Feuchtigkeit und Mineralien. Bei diesen Wesen handelt es sich teilweise um Erd-Elementale, teilweise um Naturgeister, die in der Mythologie oft als Zwerge und Kobolde dargestellt werden, die um Bäume herumlungern und brummend mit den Wurzeln spielen. Nochmals, dieses düstere und in sich gekehrte Bild, das man auf sie projiziert, entspringt dem „erdigen" Empfinden, das sie vermitteln. Es mag seltsam klingen, aber sie lieben es, wenn die Menschen auf den starken Wurzeln ihrer Bäume auf und abspringen. Es scheint eine prickelnde Schwingung hervorzurufen, die sie lustig finden und die ihnen gefällt.

Die Bäume werden von uralten Geistern begleitet, die sie überstrahlen und einhüllen. Alles, was sich in den Bäumen und um sie herum abgespielt hat, tragen sie in ihrem Energiefeld und in ihrem Bewusstsein. Diese Atmosphäre kann sich schwermütig aber auch wunderschön anfühlen. In Kapitel acht werden wir über eine Heilung dieser Traurigkeit sprechen.

Den Geist eines Baumes spüren

Stelle Dich dicht an einen Baum heran und lasse Dein Bewusstsein in sein Wurzelwerk hinuntergleiten, wo er die Nährstoffe aus dem Erdboden aufnimmt. Folge diesem Aufwärtsstrom in den Stamm, die Zweige und in die Blätter. Diese öffnen sich für das Sonnenlicht. Nimm den ganzen Baum in Dein Bewusstsein auf und erweitere es allmählich, um den gesamten Energiekörper des Baumes wahrzunehmen. Verweile still und spüre den ganzen Baum, dann mag dir der Geist des Baumes bewusst werden.

Unter den Stammesgemeinschaften glaubten beispielsweise die Hidatsa aus Nordamerika, dass der Geist der Pappel im oberen Missouri-Tal über magische Kräfte verfügte. Sich unter diesem Baum auszuruhen, sollte spezielle Kräfte und Fähigkeiten verleihen. Nach Sir James Frazer glauben die Einwohner von Siaoo, dass bestimmte Baumgeister bei Vollmond umherwandern. Sie haben große Köpfe, sehr lange Arme und Beine und massige Körper. Um sie ruhig zu halten, opfern die ortsansässigen Leute diesen Geistern Speisen.

Tiere

Auch jedes einzelne Tier hat seinen Geist, der es begleitet, doch einen größeren Stellenwert in der Mythologie besitzt der erhabene Geist, der das Muster für die gesamte Spezies trägt. So gibt es einen Engel für die Bären, einen anderen für die Adler und so fort. Es gibt auch Engel für alle ihre Jungen.

Viele Leute, besonders wenn sie sich bewusst in einen Trancezustand begaben, begegneten diesen Tiergeistern und lernten von ihnen neue Verhaltensweisen, die im menschlichen Leben nützlich sind. Gewisse Stammesgruppen und Clans fühlen sich auf einer Ebene mit speziellen Tiergeistern, deren Lebensstil ihnen hilfreiche Anregungen bietet, wie sie sich in ihrem speziellen Reich verhalten und überleben können. Auf dieses Thema werde ich später zurückkommen.

Landschaftswesen

Diese fortgeschrittenen Naturgeister verstehen die Ökologie eines Landstrichs. Sie verwalten den Bauplan der daran wachsenden Pflanzen und Geschöpfe.

Es gibt auch hoch entwickelte Engel einer Landschaft, die sich nicht nur auf die Ökologie der örtlichen Flora und Fauna verstehen, sondern auch auf die Art und Weise, in der die Erdenergien an bestimmten Orten wirken. Man kann sie an allen großen heiligen Plätzen finden. Ihre Aufgabe besteht vor allem darin, mit den Vitalitäts- und Fruchtbarkeitskräften zu arbeiten, die in und durch die Erde fließen und die Energien enthalten, die der Erfüllung der Entwicklungsziele aller Wesen innerhalb ihrer Aura dienen. Ihre Gegenwart und die Kraft des Ortes erkennend, haben die Menschen dort oft Tempel erbaut und Zeremonien abgehalten, um eine Beziehung zu ihnen aufzubauen. Solche Plätze gibt es überall auf der Welt, einige der bekanntesten sind Glastonbury in England, Jerusalem, der Mount Kailash in Tibet, der Mount Shasta und die Niagara-Fälle in Nordamerika, Harare in Zimbabwe, Ayers Rock in Australien und der Titicaca-See in Bolivien.

Glastonbury, die „Insel aus Glas", auch bekannt unter dem Namen "Avalon", soll die Hauptstadt der Engel gewesen sein. Aus dem Zentrum des Druidenkults wurde später die größte Abtei des Christentums. Auch heute noch führen Anwohner und Pilger verschiedenster Glaubensbekenntnisse Rituale durch, angefangen von Getreidepüppchen, um die Fruchtbarkeitsgeister zu ehren, bis zu christlichen Wallfahrten und Prozessionen.

Jerusalem, das ebenfalls zahlreiche Pilger der verschiedensten Glaubensrichtungen anzieht, ist leider zum Schauplatz bitterer Religionskämpfe geworden. Unterschiedliche Überzeugungen und Rituale liegen in gefährlichem Wettstreit miteinander, um die Oberherrschaft zu gewinnen. Dies ist ein fürchterliches Paradoxon, dass ein Ort, an dem es so viele Engel gibt, den Eifer erweckt, dort anzubeten, wodurch eine Rivalität entfacht wurde, die oft tödliche Folgen hat.

Viele Geister begleiten die „natürliche" Umgebung und das Gleiche gilt auch für den menschlichen Bereich. Die Stammesgemeinschaften und die animistischen Religionen betrachteten den Menschen nicht als losgelöst von der Natur und der geistigen Welt. Auch wir werden von unzähligen Geistwesen und Engelscharen begleitet. Um die Geister, die mit den Menschen in Verbindung stehen, zu verstehen, muss man unbedingt erkennen, dass Gedanken und Gefühle in ihrer eigenen Dimension ebenso real und substantiell sind wie eine Pflanze oder ein Tier oder ein Berg. Ebenso wie es feste, flüssige und gasförmige Materie gibt, gibt es emotionale und mentale Materie. Wenn man etwas denkt oder fühlt, bleibt die Energie, die man in dieses Gefühl gesteckt hat, bestehen.

Diese emotionale und mentale Energie wird genauso durch eine Deva-Essenz zusammengehalten wie ein materielles Atom. Es gibt emotionale und mentale Wellenteilchen sowie Wellenteilchen der Erde und des Wassers.

Aus diesem Grunde existieren viele Arten von Geistwesen, deren Hauptlebensraum nicht auf der Ebene materiellen Lebens, sondern im emotionalen und gedanklichen Bereich liegt. Das kann man natürlich auch von den Menschen sagen. Wir brauchen keinen physischen Körper, um emotionale oder mentale Wesen zu sein.

Weil die Menschen auf emotionaler und mentaler Ebene so aktiv sind, erschaffen sie eine ganze Welt von Gefühlen und Gedanken, erfüllt von Geistern. Wie immer tragen die Geister die Baupläne zur Entfaltung vollkommener Formen. Die Begleiter des Menschen sind wohlwollend und hilfreich. Es ist ihr Wesen, sich darauf einzustellen, wie wir am besten unser Potential verwirklichen können. Sie kennen nicht die Reibung, die wir erfahren, wenn wir durch Raum und Zeit schreiten.

Diese Vorstellung von einem inneren Muster der Vollkommenheit, in die wir hineinzuwachsen vermögen, ist das zugrunde liegende Thema in Bezug auf die Schutzengel. Es handelt sich nicht um Wesen, die beiseite stehen und im Notfall eingreifen, sondern um ständige Begleiter, die uns immer in ihrer Aura halten. Diese Schutzengel sind in feinster Weise auf unseren Wesenskern, auf unsere Seele, abgestimmt.

Zu bestimmten Zeiten in unserem Leben, wenn wir reif für eine Veränderung sind oder uns diese aufgezwungen wird, können wir manchmal die Gegenwart dieser geistigen Begleiter spüren. Es überrascht nicht, dass wir sie uns menschenähnlich vorstellen, nur herrlicher, mit einer goldenen Ausstrahlung und Schwingen, die uns in den Himmel emportragen. In anderen Traditionen aber mag man diese Begleiter als Tiere oder Drachen oder andere Wesen darstellen, die keinerlei menschliche Züge tragen.

Diese Wesen sind sich nicht nur des Potentials eines Individuums bewusst, sondern auch der Aktivitäten und Bestrebungen einer Gruppe. Wie bereits erwähnt, besitzen Millionen von Familien überall auf der Welt einen Hausaltar zu Ehren des Hausgeistes. Diese Geister verstehen sich auf die Harmonie, die sich in einer Familie und in einem Heim aufbauen lässt. Es gibt natürlich auch Geister, die um die Dynamik von Liebe und Beziehung wissen. Cupido-Eros kennt man als den Deva der vollkommenen Liebe zwischen zwei Menschen.

Unsere Tätigkeiten werden von bestimmten Devas begleitet, wie den Heilengeln und den Musen, die unsere schöpferischen Bemühungen inspirieren. Andere wiederum verstehen die Ideale der Menschheit. Es sind die Geister der Gerechtigkeit, des Mitgefühls, der Demokratie, Erziehung, Kunst, Architektur und der Andacht.

Darüber hinaus gibt es die Engel der Städte, der Großstädte und der Nationen. Im Altertum besaß jede Ansiedlung, gleich welchen Ausmaßes, einen Altar oder einen Tempel, der dem örtlichen Engel oder Gott geweiht war. Die Vorstellung von einem Nationalengel, dem Volksgeist, war besonders in der Romantik des neunzehnten Jahrhunderts beliebt, und eine entartete Version fand im Dogma der Nazis ihren Niederschlag. Es heißt, diese Volksgeister nehmen in dem Temperament und in den Merkmalen der Nationen Gestalt an, wie der gallische Hahn Frankreichs oder der Adler der Vereinigten Staaten.

Ihr Ursprung liegt in den Totems der Stammesgemeinschaften, die alle wussten, dass ihr kleiner Stamm oder ihr Clan von einem bestimmten Geist bewacht wurde. Der Titel des Buches "Clan of the Cave Bear" ergibt sich aus diesem Verständnis. Die Entwicklung größerer und verzweigterer Ansiedlungen zerstörte die Vorstellung von einem solchen Schutz der Leute nicht. Das Bild dieser speziellen Geister konnte durch politische und religiöse Führer manipuliert werden, um ihre Anhänger zu beeinflussen, wie es die verschiedenen Bilder beweisen, die dem englischen Volksgeist beigegeben werden. Der Hl. Georg etwa trug eine Rüstung, erschlug Drachen und überschattete im Mittelalter englische Heere, die in den Kampf zogen.

Die Planeten und der Kosmos

Die Vorstellung innewohnender Muster oder Geister kann auf den gesamten Kosmos ausgedehnt werden. Wenn ein Berg einen Geist haben kann, warum dann nicht auch ein Planet?

In der Kunst und Wissenschaft der Astrologie wusste man, dass die Schwingungen der erhabenen Engel des Tierkreises die Menschen stark beeinflussen konnten. In vielen mystischen Überlieferungen wird die Hierarchie der Engel und Geister beschrieben, die den Kosmos bewohnen. Theologen und Philosophen haben über die großen Engel und Geister nachgedacht, die verschiedene Bewusstseinsebenen, die Planeten, die Sonne, Sterne und Galaxien begleiten. In der Gnosis, Kabbala, Alchemie und dem esoterischen Hinduismus findet man Karten und Diagramme dieser erhabenen Wesenheiten und der sie begleitenden Geistwesen. Die im Westen bekannteste Engel-Hierarchie wurde im 6. Jahrhundert von dem griechischen Schriftsteller Pseudo Dionysios Aeropagita beschrieben, die in absteigender Folge lautet: Seraphim, Cherubim, Throne, Gewalten, Mächte, Kräfte, Fürsten, Erzengel und Engel. In den achtziger Jahren des 20. Jahrhunderts bestätigte ein Edikt des Vatikans die Existenz der Engel und nannte sie Boten Gottes.

Die Erwägung der kosmischen Geister war jedoch trockenes Zeug im Vergleich zu der Arbeit der Mystiker, die danach trachteten, Verbindung zu ihnen aufzunehmen. An einem Punkt geriet die wissenschaftliche Untersuchung in eine seltsame philosophische Debatte mit der Frage, wieviel Engel auf einem Nadelkopf sitzen könnten. Weißmagier andererseits wollten ihren geistigen Weg beschleunigen, indem sie die Schwingungen dieser erhabenen Engel durch zeremonielle Anrufungen zu erfahren suchten. Die Religion des alten Ägypten bediente sich auch dieser zeremoniellen Annäherung. Die zunehmende Macht und Intoleranz des Christentums und des Islams zwangen die Anhänger dieser Überlieferung in den Untergrund zu gehen. Ihre Rituale wurden durch die Geheimorden der Tempelritter, der Rosenkreuzer und Freimaurer verewigt und überlebten auch im Bereich der "Magia Naturalis".

Es gibt eine klassische Form, in der diese Zeremonie durchgeführt wird. Zunächst wird ein magischer Kreis gezogen, um alle fremden Schwingungen und Einflüsse auszuschalten. Dann legt der Magier Gegenstände, Farben, Düfte und Pflanzen in den Kreis, die alle in Beziehung zu dem erwünschten Engel stehen. In einem Zustand tiefer Kontemplation stimmt er sich anschließend auf diese Objekte ein und ruft die Gegenwart des Engels herbei.

Man kann sich vielleicht jemanden vorstellen, der mit dem Engel des Mars in Verbindung treten möchte. Folgende Dinge mag er in seinen Kreis legen: Etwas von roter Farbe, etwas aus Eisen (das Symbol des Planeten) und einige spezielle Pflanzen und Düfte. Alle diese Gegenstände könnten ihm bei der Verbindungsaufnahme behilflich sein. Mit einem bestimmten Spruch oder einer Formel mag er dann um die Gegenwart des Mars-Engels bitten. In der Schwingung dieses Kontakts könnte der Mystiker wesentliche Lektionen über Stärke, Männlichkeit, Kraft, Würde oder Mut lernen.

Eine andere Lebenssphäre

Ich möchte nicht behaupten zu wissen, was es heißt, ein Deva zu sein. Ich nehme nicht an ihrer Erfahrung teil, genauso wenig wie an der eines Elektrons oder einer Ozeanwelle. Trotzdem weiß ich, was sie tun und wie sie es tun, und ich kann mittels meiner Vorstellungskraft auch an ihrer Erfahrung teilnehmen.

Aktive und passive Ströme

Als erstes können wir erkennen, wie sehr sie sich von dem Lebensstrom unterscheiden, der uns normalerweise vertraut ist – unserer materiellen, organischen Welt, voller Aktivität, Bewegung und Wandel. Betrachten wir einmal den Unterschied zwischen dem Leben einer Blume und dem ihrer Elfe. Das Blumendasein ist aktiv und energievoll. Es beginnt im Samen, in dem ein Schössling heranwächst und aus seiner Umhüllung herausbricht. Dieser muss die Erde durchstoßen und sich der Sonne entgegenstrecken, fort von der Schwerkraft. Die Pflanze erblüht und streut ihre Samen aus, bevor sie zur Erde zurückkehrt, und ein neuer Zyklus beginnt.

Die Blumenelfe aber bleibt mehr oder weniger dieselbe. In ihrem Feld hält sie das Energiemuster der vollkommenen Blume. Was auch immer der heranwachsenden Blume geschieht, die Elfe bleibt dieselbe, überstrahlt ihre Blume und führt sie ihrer Vollendung entgegen. Sie nimmt jedoch die Erfahrung ihrer Blume in ihr Muster auf. Auf diese Weise gewinnt sie als Partnerin Erfahrung und Weisheit. Ohne Pflanze gäbe es für die Elfe weder eine Funktion noch eine Aufgabe. Eine solche enge Beziehung macht das Leben aus.

Überall in der Natur und im Universum zeigt sich dieses Muster. Im Gewebe der Schöpfung gibt es eine aktive und eine passive Strömung. Doch diese Passivität ist sehr aktiv. Ohne die Devas und die Engel würde die aktive Strömung ins Chaos wirbeln. Es ist der Deva, der überall im Universum die Aktivität in eine zusammenhängende Form „überbrückt“. Dieses Überbrücken mag nicht viel Energie bewegen; dennoch gibt es ein ständiges Summen im Hintergrund, das alles zur unvermeidlichen Verwirklichung ruft.

Diese Tatsache macht die Engelwelt so mystisch und göttlich. Sie verliert sich niemals in der Anstrengung und Mühe der energetischen Aktivität von Wachstum und Veränderung. Ihre Dimension ist immer verbunden mit der Hoffnung und Erfüllung der Existenz.

Die Bausteine des Lebens

Ein Atom bildet den kleinsten Baustein der Materie im Universum. Es enthält Partikel und Wellen, aber es gibt auch etwas, das sie zusammenhält, um die feste Form zu schaffen – seinen Deva oder sein Elemental. Das Elemental trägt in seinem Feld die Vision und das Muster des vollkommenen Atoms, und ohne dieses Elemental gäbe es keinen Zusammenhalt.

Was das Deva-Elemental für das Atom tut, ist ganz allgemein die Aufgabe der Devas überall im Universum. Sie sorgen für das Energiegewebe, um die Form zu schaffen. Dorothy Maclean schrieb in "The Findhorn Garden": „Die physischen Körper der Minerale, Pflanzen, Tiere und Menschen bestehen aus Energie, die durch die Arbeit des Deva-Reichs in die Form gebracht wurde. Manchmal nennen wir diese Arbeit Naturgesetz, aber es sind die Devas, die das Gesetz ausüben, unermüdlich und voller Freude. Wir sehen die Dinge nicht wie du in ihrer festen äußeren Materialisation, sondern eher in ihrem inneren, lebensspendenden Zustand. Wir beschäftigen uns mit dem, was hinter dem liegt, das du siehst oder fühlst, aber diese Ebenen sind miteinander verknüpft, wie die verschiedene Oktaven derselben Melodie. Wir sehen andere Formen des Lebens."

Diese Form kann ein Baum sein, ein Wasserfall oder eine Flamme. Sie kann eine Reihe von Idealen sein, wie Gerechtigkeit oder Demokratie, oder eine Heilung, eine Zeremonie oder eine Arbeit. Zusammenfassend können wir sagen:

Die Devas geben der materiellen Welt ihre Muster und ihren Zusammenhalt.

Die materielle Welt – Minerale, Pflanzen, Tiere, Menschen und menschliche Aktivitäten – geben den Devas eine Aufgabe und Betätigung.

Die Deva-Welt und die materielle Welt greifen ineinander über, um unsere Wirklichkeit zu schaffen.

Ohne die Devas besäße die materielle Welt keinen Zusammenhalt.

Ohne die materielle Welt besäßen die Devas keine Aufgabe.

Daraus ergibt sich, dass es sich bei der Deva-Essenz, der geistigen Welt, nicht um irgendeine entfernte Spezies oder ein seltenes Phänomen handelt, das nur von den Mystikern im Trancezustand wahrgenommen wird. Als „Bindeglied“ von allem, befindet sich die geistige Welt überall.

Die Form des Klangs

Die Schöpfung von Klang und Musik illustriert in wunderbarer Weise, wie die Devas Formen erschaffen. Es ist das Deva-Element, das eine Brücke von der Schwingung zur Bildung der Klangform schlägt.

Stelle dir ein Orchester vor, das spielt, ohne einen Ton zu erzeugen. Schwingende Blätter in Klarinetten und Oboen. Schwingende Gewebe auf Messingtrompeten und Posaunen. Schwingende Saiten auf Violinen, Cellos und Bässen. Schwingende Oberflächen der Trommeln und Zimbeln. Alle diese Bewegungen erzeugen Schwingungen, die sich wellenförmig durch die Luft fortsetzen und auf Dein Trommelfell treffen, um noch mehr Schwingungen zu erzeugen. Aber woher kommt der Ton? Was gibt der Schwingung die Klangform? Wie hält die schwingende Luft diese wunderbare Form, die wir als Klang und Musik kennen?

Um das zu erfahren, spitzen wir die Lippen, als wollten wir pfeifen. Vorsichtig können wir die Luft durch sanftes Blasen zum Schwingen bringen. Aber etwas Wunderbares verwandelt diese Schwingung in den Ton. Die Deva-Essenz bildet eine Brücke von der Schwingung zum Klang. Dieses unsichtbare Gewebe lässt den potentiellen Klang Form annehmen.

Sein und Tun

In Alice Baileys Buch "Eine Abhandlung über kosmisches Feuer“ schreibt der tibetische Lehrer Djwal Khul, dass die Devas Farben hören und Klänge sehen. Die Menschen mit den Devas vergleichend, meint er, dass die Menschen lernen müssen, ihr Bewusstsein zu erweitern, während die Devas lernen sollten, sich zu konzentrieren und zu handeln.

Wir wollen uns vorstellen, wie die Devas ihr Dasein erklären:

„Wenn wir uns in der Struktur eines einzelnen Atoms zum Ausdruck bringen, sind wir der "Klebstoff", der die Wellenteilchen, die Drehung und die materielle Form zusammenhalten. In unserem Innern kennen wir den vollkommenen Aufbau dieses Atoms. Wir kennen sein volles Potential. In unserem Bewusstsein erleben wir die Vollkommenheit dieses Atoms.

Ohne unsere Anwesenheit würde nichts zusammenhalten.

Unsere Lebensweise besteht darin, in unserem Bewusstsein, unserem Energiefeld, die vollständige Erfahrung zu tragen, wie ein Gegenstand oder ein Wesen oder ein Geschehen seine vollkommene Erfüllung sein könnte. Wir erleben das Potential und die Vollendung.

Um sein Potential zu erfüllen und zur Vollendung zu gelangen, muss das Wesen einen aktiven Prozess durchschreiten. Wir stellen weder die Kraft noch die Bewegung oder Energie zur Verfügung, um diese Erfüllung zu erreichen. Aber wir wissen, wie die Erfüllung sein könnte und sind Träger dieses Empfindens, dieses Bauplanes von einem erfüllten Potential.

Dieser Bauplan wirkt als Rahmen, um das Wesen zu dem zu inspirieren, in das es hineinwachsen kann.

Wir engagieren uns voller Mitgefühl für diesen Vorgang.

Die Dynamik, die ein Geschehen oder ein Wesen zur Erfüllung seines Potentials bewegt, ist für uns ebenso wesentlich und wunderbar, wie die Liebe für euch."

Die Evolution eines Devas

Es gibt eine Evolutionslinie in unserer Welt, die etwa folgendermaßen verläuft: Mineral, Pflanze, Tier, Mensch. In der Deva-Welt gibt es eine ähnliche Linie, die in dieser Weise verlaufen kann: Elemental, Gnom, Elf, Faun, Cherubim, Seraphim, Engel. Demnach wäre folgende Lebensgeschichte möglich.

Sie beginnt vor sehr langer Zeit mit Kohlenstoffatomen, die ursprünglich zu einem Baum gehörten und die nun aufgrund von Erdbewegungen im Laufe der Zeit tief unter die Erde getaucht sind. Diese Kohlenstoffatome bestanden, wie alle Atome, aus subatomaren Partikeln und Deva-Essenz.

Im Laufe der Jahrtausende und unter dem starken Druck des Gewichts und der Verschiebung der Erde veränderten diese Atome allmählich ihre Molekularstruktur und ihre Form. Aus Holz wurden nacheinander Torf, Kohle und schließlich Diamanten. Die zugrundeliegenden Atome blieben Kohlenstoff, aber ihre Form hatte sich geändert. Mit der Veränderung der Form wandelte sich auch das Bewusstsein der Deva-Essenz, die von Anfang an da war, als sie noch zu dem Kohlenstoff des Baumes gehörte.

Der Deva nahm die Muster seiner Veränderungen in sich auf und hielt in seinem eigenen Energiefeld die neuen Baupläne der allmählichen Transformation von der organischen Materie zum Diamanten. Wenn aber dieser Kohlenstoff-Deva sein Bewusstsein erweiterte, wie kannte er dann das Muster seiner nächsten Stufe? Woher wusste er, dass der Bauplan von der Struktur des Torfs in die der Kohle und schließlich des Diamanten zu ändern war?

Er nahm die neuen Muster in zweifacher Weise in sich auf. Erstens aufgrund der eigentlichen Erfahrung der Veränderung selbst. Zweitens, und das ist sehr wichtig, war das Kohlenstoffelemental bereits harmonisch mit allen anderen bestehenden Kohlenstoffelementalen und den größeren Kohlenstoff-Engeln verbunden. Aufgrund dieser Verbundenheit war sich das Elemental wesenhaft bereits des umfassenden Bildes bewusst. Es konnte deshalb in die bedeutungsvollen Muster für seine nächste Entwicklungsstufe fließen, da andere Devas diesen Weg bereits vor ihm durchschritten hatten.

Das junge Kohlenstoff-Elemental näherte sich nun den Wurzeln einer Pflanze. Sein Bewusstsein erweiterte sich, um zu begreifen, wie eine Pflanze aus der Erde Nährstoffe und Feuchtigkeit aufnimmt (Pflanzen und Tiere sind im Wesentlichen Organismen, die sich auf Kohlenstoff aufbauen). Durch den Prozess einer harmonischen Resonanz absorbierte das kleine Elemental den Bauplan, wie ein Wurzelsystem arbeitet, und verband sich außerdem mit dem größeren Bauplan dieses Vorgangs im gesamten Pflanzenreich.

In der Sprache des Westens hat sich das Kohlenstoffelemental der Erde ausgedehnt, um ein winziger Gnom zu werden, der den Absorbtionsprozess der Wurzel erkennt. Poetisch gesprochen, könnten wir den Engel, der den Bauplan für den gesamten Ablauf hält, als den Gnomen-König bezeichnen.

Das Elemental fühlte sich zu einer kleinen Pflanze hingezogen. Es wurde ein Elf, eine Bezeichnung, die den Devas der Pflanzen und Büsche gegeben wird. Wäre es weiter geschritten und hätte sich mit einer Blume verbunden, würde man es eine Blumen-Fee nennen.

Verbunden mit einer einzigen Pflanze, besteht jetzt auch eine harmonische Beziehung zu den übrigen Elfen ähnlicher Art und zu dem fortgeschrittenen Engel, der den Bauplan für die Gesamtheit der Pflanzen kennt. Diesen könnte man auch Elfen-König nennen. Bei einer Verbindung zu den Blumen wäre es die Feen-Königin.

Ein weiterer Schritt auf dem Entwicklungspfad dieses kleinen Elfs wäre möglicherweise eine besondere Beziehung zu Bäumen. Er könnte dann vielleicht der Geist einer mächtigen Eiche oder später der Geist einer Baumgruppe oder noch später sogar der überstrahlende Geist eines Waldes werden. Er könnte sich auch zu einer Art Pan entwickeln.

Unser Elf aber sorgte für einen Busch, der in der Nähe einer Kirche stand, und allmählich berührten der Klang der Orgelmusik, der Chor und die harmonischen Gebete der Gläubigen sein Bewusstsein. Diese Erfahrung wirkte so anregend auf ihn, dass er begann, sich auch der Kirche bewusst zu werden und allmählich in die Energien hineingezogen wurde, von denen die religiöse Andacht umgeben ist. Der Begriff „Cherub“ (Plural „Cherubim“) beschreibt einen Deva, der diese Gebets- und Lobpreisenergien fördert.

Auf diese Weise wurde das Kohlenstoff-Elemental zum Naturgeist und entwickelte sich dann weiter, um Teil der Deva-Schar zu werden, welche die Pläne für eine vollkommene Gottesverehrung überwachen. Dieser Deva hätte ebenso gut in menschliche Angelegenheiten verwickelt werden können, indem er von der Gartenarbeit oder dem Spiel der Kinder angezogen worden wäre.

Diese „Lebensgeschichte“ zeigt, dass Devas im Laufe ihrer Entwicklung verschiedene Stufen durchlaufen und nicht wie Pflanzen, Tiere und Menschen sterben. Sie verlieren ihre Hülle nicht in dramatischer Weise, sondern gleiten unaufhörlich durch ihren Evolutionsstrom. Dabei erweitern sie ihr Bewusstsein, und die Muster, die sie verkörpern, werden immer größer und vielschichtiger.

Andere Ausgangspunkte

Deva-Elementale existieren aber nicht nur in der dichten Materie. Es gibt sie auch im Wasser, in der Luft und im Feuer. Die Deva-Essenz hält die emotionalen und mentalen Energiefelder ebenso zusammen wie die intuitiven und geistigen Ebenen. Der Evolutionspfad dieser elementaren Devas ist nicht mit der Natur verbunden, sondern mit den Menschen und den großen Gefühls- und Gedankenfeldern oder den Energien, Strahlen und Dimensionen, die sich unsichtbar durch das Universum bewegen. Die unendlichen Räume, die von der modernen Wissenschaft als Vakuum betrachtet werden, sind in Wirklichkeit riesige, von Devas belebte Energiefelder, die das gesamte Gefüge des Universums durchdringen.

Innerhalb des menschlichen Bereichs beginnen viele Devas ihre Evolution auf der Ebene der Gedanken und Emotionen. Das bedeutet, dass ihre Haupterfahrungsquelle im menschlichen Leben liegt, so wie andere Devas eng mit Pflanzen oder Tieren verbunden sind.

Ein Deva, der als ein emotionales Elemental beginnt, mag einen Entwicklungsweg beschreiten, der rein mit menschlichen Energiefeldern verknüpft ist. Oder aber er folgt einem Weg, der jenseits des einzelnen Menschen liegt und sich in die Stimmungs- und Gefühlswolken erstreckt, die den Planeten umspielen. Ein Deva, der als Gedanken-Elemental anfängt, mag sich später mit den mächtigen Urformen des Gedankens verbinden, wie den Vorstellungen von Gerechtigkeit und Demokratie. Darüber werden wir in Kapitel neun sprechen.

Ein selbst-bewusster Geist

Übrigens nennt man im Westen Devas, die sich ihrer eigenen Existenz bis zu einem gewissen Grad bewusst sind, „Engel". Ähnlich verhält es sich mit dem Unterschied zwischen Tieren und Menschen. Sobald ein Tier sich seines eigenen Wesens bewusst wird, nennen wir es Mensch. Auch Devas durchlaufen diese Evolutionsstufe. Folglich kann man einen Engel als einen Geist definieren, der sich seiner selbst bewusst ist.

Schwerkraft und Zerfall

Es gibt auch Devas, deren Grundschwingung nicht angenehm oder gesund für uns ist oder die in der Wechselbeziehung mit der Menschheit „Schaden" genommen haben. Näheres dazu finden wir in Kapitel acht über die Heilung.

Magnetische Anziehungspunkte und Ausdrucksfreiheit

Zu Beginn dieses Kapitels haben wir über die Neigung der Devas gesprochen, sich passiv zu verhalten. Aber in dieser Passivität liegt eine gewaltige Kraft, denn der Bauplan und das Energiemuster des Engels zieht seinen Begleiter zur Erfüllung magnetisch an. Dieser Magnetismus ist ein Teil der natürlichen Strömung des Universums. Obwohl er in unserer Dimension passiv erscheint, überträgt er kosmische Kraft. Das Muster des Deva wirkt also wie ein Wegweiser, der uns nicht nur die Richtung weist, sondern uns auch ermutigt und uns in unsere Zukunft zieht.

Obwohl unsere Erfüllung in der Zukunft liegt, erlebt der Deva sie jetzt. In gewisser Weise transzendieren Devas die Zeit; und aufgrund ihrer harmonischen Telepathie mit allen anderen Devas transzendieren sie auch den Raum. Auch wenn ein nachlässiger Gärtner oder ungünstiges Wetter eine Pflanze beeinträchtigt, behält der Naturgeist dennoch den Plan ihres vollkommenen Wachstums, um die Pflanze in die Zukunft zu führen.

Dieser magnetische Bauplan wirkt inspirierend, nicht kontrollierend. Das Energiefeld des Engels, der Bauplan, ist eine offene Matrix, in der die Entscheidungsfreiheit ruht. Der Beweis für diese Freiheit zeigt sich in dem Kaleidoskop der Vielfältigkeit des Lebens. Jede Blume, jede Person, jedes Kunstwerk, jede Beziehung oder Zeremonie ist einzigartig.

Der Geist zieht seinen Partner zur Erfüllung an, aber innerhalb dieser grundlegenden Anziehungskraft gibt es Raum für Unterschiedlichkeit, Wandel und Kreativität – für individuelle Genialität, Exzentrizität und Begrenzungen. Das Muster ist vollkommen, aber alles kann in ihm geschehen. Du könntest vielleicht von derselben Muse inspiriert werden, die Mozart begleitete, doch das Ergebnis wäre ein anderes. Du könntest auch von derselben Muse inspiriert werden, die Leonardo da Vinci überstrahlte, aber deine Bilder würden vielleicht am Kühlschrank hängen. Du könntest von demselben Cupido inspiriert werden wie einst der große Liebhaber Don Juan, aber...nun ja.

Devas üben keinen Druck auf ihre aktiveren und materiellen Gefährten aus. Sie sind nur Träger des Planes und der Inspiration. Das macht sie so „engelhaft". Wenn man jemanden engelhaft nennt, meint man damit eine Person, die niemandem schadet, sondern nur sanft inspiriert. Sie ziehen uns an, damit wir uns selbst erfüllen.

Archetypische Verbindungen

Die magnetische Kraft eines Engels ist in harmonischer Weise mit allen anderen vergleichbaren Engeln verknüpft. So sind alle Rosen-Elfen harmonisch miteinander verbunden und tragen dasselbe Grundmuster für die vollkommene Rose. Sie sind auch alle mit dem viel größeren Rosen-Geist verbunden, der das allgemeine Muster trägt, das Urbewusstsein für alle Rosen.

Es gibt, wie wir ihn vielleicht bezeichnen würden, einen Rosen-Engel, ein sehr großes und komplexes Wesen, das alle Rosenbüsche und Rosen-Devas überall auf dem Planeten in seinem Bewusstsein hält. Dies ist eine uralte Vorstellung. Platon, der sich verschiedener Sprachen bediente, beschrieb diese archetypischen Wesen als „vollkommene Formen". Der ältere und erfahrenere Deva trägt in seinem Bewusstsein die Erfahrungen aller anderen Rosen-Devas. Der Rosen-Engel stellt einen Archetypus dar, der das klassische Muster der ganzen Familie trägt.

Ähnlich erstreckt die Elfe einer Rosenblüte ihr Bewusstsein in zwei Richtungen. Erstens hält sie ihr Muster und ihre Matrix über die einzelne Blume; zweitens ist sie vollkommen geöffnet für ihre Verbindung zu dem größeren Naturgeist, der das Muster für alle Blumen dieser Spezies trägt. Sie konzentriert sich auf ihren irdischen Gefährten und öffnet sich gleichzeitig für die größere Urform.

Aufgrund dieser anhaltenden Verbindung zu dem Rosen-Engel bleibt die individuelle Elfe beständig, während sich seine Blume mit den vielen Veränderungen auseinandersetzen muss, die ihr von ihrer Umgebung auferlegt werden. Deshalb bewahrt die Elfe ungeachtet dessen, was mit der Blume geschieht, ihre offene Verbindung zu dem Engel der Spezies und dem ursprünglichen Bauplan.

Aus dem Gesagten lässt sich ersehen, wie auch Geister aus ihren Erfahrungen lernen und weise werden. Die Rosen-Elfe registriert magnetisch alle Faktoren, die sich auf ihre Pflanze ausgewirkt haben und vergisst sie nicht. Diese Information wird dann auf telepathischem Wege an alle Rosen-Elfen und an den Rosen-Engel weitergeleitet.

Um zu verstehen, wie dies vor sich geht, muss man einen Sprung in ein höheres Bewusstsein wagen oder einfach vertrauen. Dann wird man erfahren, dass die Natur und das Universum wohlwollend und mächtig sind. Ein liebevoller Plan und Zweck durchziehen alles Leben, von einem explodierenden Sonnensystem bis zu einem Grashalm. Wenn man diese Wahrheit erkennt oder erfährt, macht das gesamte schöpferische Muster der Engel-Evolution durchaus Sinn.

Deshalb lieben die Mystiker die Begleitung von Devas. Das Deva-Bewusstsein öffnet sich ganz natürlich für die wohlwollende Dynamik des Universums, wohingegen wir Menschen gewöhnlich hart daran arbeiten müssen, diesen Zustand entspannter und demütiger Bewusstseinserweiterung zu erreichen.

Die mystische Dimension

Wir sind von Deva-Leben umgeben und durchdrungen. Ob wir es wissen oder nicht, die Devas weben die Struktur unserer Atome und Körper. Wenn der Mensch, der sich alleine und entfremdet fühlt, doch nur Anschluss an das Deva-Leben in seinem eigenen Körper finden könnte, würde er auf ungewöhnliche Weise genährt werden und Verbindungen finden. Mystiker, die den Zauber und die Freude des Lebens erspüren, nehmen dies durch ihr ganzes Sein wahr. Das mystische Bewusstsein von Verbundenheit und Liebe ist keine mentale Vorstellung, sondern eine Erfahrung.

Die Isolationen des Lebens, wie wir sie kennen und sehen, ist eine Illusion. Die Blume mag wie du und ich alleine dastehen. Aber verbunden mit uns allen sind Geistwesen, die letztlich auf die Ausdehnung und das Wachstum des Universums ausgerichtet sind. Deshalb hat sich eine Verbindung mit den Engeln für den Menschen auf dem geistigen Pfad immer als so hilfreich erwiesen. Auf sie eingestimmt zu sein bedeutet, in Einklang mit der großen Kosmischen Strömung zu schwingen, mit dem Tao, dem Zen, dem kosmischen Christus.

Die meisten mystischen Überlieferungen vertreten den Gedanken, dass Gott Anfang und Ende ist und die Zeit transzendiert. Der Mensch andererseits muss die Zeit durchschreiten und erfahren, um zu wachsen. Devas aber entsprechen dem Konzept der Gottheit, denn auch sie wissen bereits den Anfang und das Ende ihrer Lebensreise.

5
Einen Deva spüren

Als Kind hast du vielleicht deinen Eltern erzählt, dass du etwas Ungewöhnliches gespürt, ein seltsames Licht gesehen oder merkwürdige Geräusche gehört hast und die Antwort erhalten: „Ja natürlich, Liebes. Aber das ist alles nur in deiner Phantasie." Wie liebevoll und wohlmeinend diese elterliche Reaktion auch gewesen sein mag, sie kann dich daran gehindert haben, eine Beziehung zu den Geistwesen, die es wirklich gibt, aufzubauen und von ihnen zu lernen.

Mancher, der dieses Buch liest, wird die Erfahrung mit Geistwesen gemacht haben, ohne es zu wissen. Die westliche Gesellschaft und Kultur haben nicht dazu beigetragen, eine solche Art der Erfahrung anzunehmen, zu verstehen und zu schätzen.

Es handelt sich dabei um ein geistiges Erleben, das nicht durch die üblichen fünf Sinne gemacht wird. Man hat dir wohl nicht erklärt, wie man ein solches Erlebnis bemerkt und versteht. Wahrscheinlich hast du angenommen, dass alle deine Erfahrungen bloß auf deine Phantasie zurückzuführen sind.

Immer wieder habe ich in meinen Klassen erlebt, wie einige Teilnehmer behutsam über ihre eingebildeten Erfahrungen mit Devas sprechen. Sobald sie aber merken, dass sie sich in einer Gruppe von Leuten befinden, die an diese Wesenheiten glauben und sie verstehen, begreifen sie allmählich, dass ihr Erlebnis Wirklichkeit gewesen ist. Wir alle fühlen uns erleichtert und mit einbezogen, wenn wir erkennen, dass andere Leute ähnliche Erfahrungen und Zweifel durchgemacht haben.

An dieser Stelle wollen wir einen positiven Aspekt der Skepsis betrachten. Im täglichen Leben glauben wir nicht alles, was wir hören oder sehen. Unsere natürliche Skepsis und Neugierde lässt uns die Dinge in Frage stellen. Das ist gesund. Wenn wir anfangen, die Arbeit mit Geistwesen zu erspüren, sollten unsere Skepsis und Intelligenz wach bleiben. Im Volkstum werden die Menschen, die mit Geistwesen Verbindung aufnehmen, weise Frauen und Männer genannt. Dies sind keine dummen, einfältigen Leute, die alles glauben.

Diese Vorsicht in Erwägung ziehend, fragen wir uns, was denn eigentlich geschieht. Wie wissen wir, dass etwas da ist? Woher wissen wir, dass es nicht nur Einbildung ist? Wie erkennen wir den Unterschied?

Eine andere Welt erfassen

Die Antwort ist einfach. Wir besitzen ein Energiefeld und einen materiellen Körper. In unserem Energiefeld fühlen und spüren wir die Dinge. Die Devas und Geistwesen hingegen haben keinen physischen Körper, sondern ein Energiefeld. Wenn also ein Geist in unser Energiefeld tritt, spüren wir ihn.

Schwingungen in unserem Energiefeld

Unter dem Begriff „Energiefeld" verstehe ich ein Phänomen, das ebenso normal ist wie die Magnetsphäre, die die Erde umgibt oder das elektrische Feld des Zitteraals, das stark genug ist, um große Tiere durch elektrischen Strom zu töten. Dieses Energiefeld strahlt von unserem Körper aus und durchdringt ihn. Es besteht aus der Lebenskraft oder dem Prana. Es setzt sich aus feinstofflichen Energien und Strahlen zusammen, die mit den Emotionen, dem Verstand und dem Geist in Verbindung stehen. Diese Aspekte bilden die Grundlage der ayurvedischen (indischen), chinesischen und ganzheitlichen Medizin. Man spricht auch von der Aura. Sie durchdringt und überstrahlt unseren physischen Körper.

Wenn eine ungewöhnliche oder ganz bestimmte Energie in unser Energiefeld tritt, bemerken wir sie, weil sie eine neue Schwingung oder Unruhe in unserem eigenen Feld hervorruft. Die „Störung" schwingt durch unsere Aura in den physischen Körper, der die Empfindung über die Nerven und die chemischen Veränderungen erfasst. Diese Änderung ist gewöhnlich so fein wie eine Temperatur- oder Feuchtigkeitsveränderung. Manchmal aber ist das Gefühl ganz eindeutig.

Um einen Deva wahrzunehmen, müssen wir genau darauf achten, was wir in unserem Energiefeld spüren. Obwohl feinstofflicher Natur, macht sich diese Empfindung auch physisch bemerkbar. Irgendetwas tritt in unser Energiefeld. Du fühlst es, weil es in deinem Körper und in deinem Nervensystem einen Eindruck hinterlässt. Die Haare stehen einem zu Berge oder wir sind plötzlich ganz anderer Laune.

Geistiges Erspüren und das dritte Auge

Wir müssen lernen, die Vorgänge in unserem Energiefeld zu bemerken und zu fühlen. Für die meisten Menschen ist dies ein Problem, weil sie es einfach nicht gewohnt sind, darauf zu achten, was sie in ihrer Aura spüren.

Doch man wird überrascht sein, wie einfach es ist, wenn man sich erst einmal die Mühe macht. Du musst mit deiner Vorstellungskraft nur spielerischer umgehen. Natürlich sind einige Menschen empfindsamer als andere, aber mir ist noch niemals jemand begegnet, der völlig unempfindsam ist.

Wir wollen nun den eigentlichen Vorgang der Wahrnehmung näher betrachten.

Die Mechanismen der Wahrnehmung

Die menschliche Aura nimmt die neue oder andersartige Energie als eine Störwelle wahr, die durch sie auf das Nervensystem trifft. Das Nervensystem seinerseits überträgt die Botschaft dem Verstand, der sie aufnehmen und interpretieren muss.

Wenn die Botschaft zu fein ist, wird er sie ignorieren, weil wichtigere Erfahrungen oder Empfindungen aufgenommen werden. Lärm und Bewegung, Aufregung und Ängstlichkeit oder auch allgemeine Stimmungslagen blockieren die feineren Empfindungen.

Deshalb muss man sich in einen kontemplativen Zustand begeben, um die Devas wahrzunehmen. Die natürliche Empfindsamkeit der meisten Menschen wird von psychischen Schutzschichten und den modernen Lebensgewohnheiten überlagert. Wenn du in den Ferien ein paar Tage zur Entspannung brauchst, bevor du die guten Dinge des Lebens wieder fühlen kannst, weißt du, was gemeint ist.

Intensive körperliche, emotionale oder mentale Aktivität verstärkt ebenfalls die Grobheit und die Abschirmung unseres Geistes und unseres Nervensystems und begrenzt somit den Wahrnehmungsbereich. Wenn wir so angespannt sind, dass wir die Schönheit eines Sonnenuntergangs, das Lächeln eines Kindes oder die Änderung der Windrichtung kaum noch bemerken, dann sollte man die Finger von der feinstofflichen Wirklichkeit der Devas lassen.

In Kapitel drei habe ich über meine Erlebnisse am Ende der sechsmonatigen Zeremonie geschrieben. Als ich am Altar niederkniete, um den Engel schließlich zu rufen, schien nichts da zu sein. Ich war so aufgeregt, dass ich nicht wahrnahm, was sich auf feinerer Ebene abspielte. Erst als ich mich entspannte, konnte ich spüren, was geschah.

Du musst also lernen, ruhig zu werden. Das ist nicht schwierig, wie ich später erklären werde. Sobald du ruhig geworden bist, muss dein Verstand die Empfindung so interpretieren und aufnehmen, dass sie einen Sinn ergibt.

Einige übersetzen die Empfindungen in klare Bilder, was Hellsichtigkeit genannt wird. Aber die Bilder werden vom Geist geschaffen. Viele Abendländer bemühen sich verzweifelt, Naturgeister und Engel zu „sehen". Doch dieses „Sehen" ist niemals so wirklich, wie mit unseren physischen Augen. Die Retina nimmt keinen Eindruck auf, weshalb blinde Leute Hellseher sein können. Der Verstand kleidet die Empfindung in vertraute Bilder. Ich kenne eine Hellseherin, die in ihrer Hellsichtigkeit oft ein Hindernis sieht und sie immer prüfen muss, ob es sich bei den geistigen Bildern um eine genaue Wiedergabe der Energie handelt, die sie fühlt.

Einige Leute übersetzen die Empfindung in Worte, was als Hellhören bezeichnet wird. Es leuchtet durchaus ein, dass ein Engländer die Geister englisch sprechen „hört"; ein Portugiese in portugiesisch. Einige Menschen riechen Geistwesen.

Die meisten aber fühlen nur und haben das Empfinden, dass da etwas ist. Du möchtest vielleicht Bilder sehen oder Geräusche hören, weil das viel offensichtlicher ist als ein feines Empfinden. Doch selbst dann müssen die Bilder und Geräusche interpretiert und beurteilt werden. Es gibt Beweise, die vermuten lassen, dass jener Teil des physischen Gehirns, der die Empfindungen aufnimmt und interpretiert, hinter der Stirnmitte liegt, weshalb man vom dritten Auge spricht.

Ist die Wahrnehmung wirklich und genau?

Leider lässt sich die Frage der Genauigkeit nicht einfach lösen. Natürlich ist es für die meisten Leute sehr frustrierend, dass sie nicht sicher sein können, ob ein Eindruck Wirklichkeit oder nur eine Projektion ihrer Einbildung ist, weshalb Scharlatane und irregeführte Menschen mit übersinnlicher Wahrnehmung mit ihrem Unsinn davonkommen. Hüte dich vor Leuten, die mit Geistern zusammenarbeiten und behaupten, ihre Eindrücke seien hundertprozentig sicher. Hüte dich vor jedem, der sich in diesem Bereich betätigt und nicht einen Fehlerspielraum zugesteht oder Bescheidenheit in Bezug auf seine Arbeit an den Tag legt.

Du musst still werden, damit sich der Eindruck in deiner geistigen Vorstellung niederlassen kann. Es ist unmöglich, einen klaren Eindruck zu gewinnen, wenn du nur im geringsten unruhig bist. Außerdem wird jede emotionale Erregung oder Bedürftigkeit die Art und Weise beeinflussen, in der deine geistige Vorstellung den Eindruck interpretiert. Viele von uns neigen zur Übertreibung, um ihre Unsicherheit auszugleichen, was sich sehr stark darauf auswirken kann, wie wir die Empfindungen in unserer Aura auslegen.

Du kannst deinen Eindrücken auch nicht trauen, wenn du zu ernsthaft bist, weil es ebenso deinen Körper und deinen Geist anspannt. Geistwesen sind Energiewesen, und Energie ist stets in Bewegung. Ernsthaftigkeit ist Zeichen einer unbeweglichen Haltung.

Es ist unklug, eine klare und einfache Wahrheit zu wollen. Hier geht es um das Erspüren der Devas, nicht um die Addition von Zahlen. Es geht um einen eher lyrischen als mathematischen Vorgang. In der Mysterienschule des Pythagoras, im antiken Griechenland, verstand man diese paradoxe Beziehung von mathematischer Genauigkeit und Dichtkunst. Die Harfe muss einwandfrei gestimmt sein. Die Musik aber erklingt harmonisch und perlend, nicht hart und an materielle Logik gebunden.

Dies spiegelt sich auch in den Wogen der Schönheit wider, die der modernen Chaos-Theorie entspringen, die versucht, die scheinbar unvorhersehbare Verhaltensweise von Systemen zu erfassen, die von äußeren Kräften regiert werden. Der Gleichung liegen feste mathematische Konstanten zugrunde, doch die Manifestation erfolgt in chaotischer Weise. Dennoch, aus dem Chaos erheben sich Muster der Schönheit.

Eine weitere Voraussetzung ist eine Art positive Skepsis. Bei all dem psychischen und kulturellen Gepäck, das wir tragen, ist es wichtig, einen offenen und selbstkritischen Geist zu bewahren.

Da Geistwesen keine Menschen sind und du anfängst, eine neue Lebensdimension zu erforschen, bist du ein Neuling. Die geistige Welt hat es immer gegeben, du aber beginnst jetzt etwas Neues. Einiges mag vertraut sein, aber erwarte und sei offen für neue Empfindungen, von denen einige klar und offensichtlich sind, andere hinwiederum sehr fein und ätherisch.

Wenn du verfolgst, wie dein Energiefeld eine Botschaft in dein Nervensystem überträgt, wirst du verstehen, dass dein gesamter Körper als Fühler dient, der die Wesen wahrnimmt. Entspanne dich also und sei dir deines Körpers bewusst.

Deine geistige Vorstellung verfügt über einen natürlichen Instinkt, mit den Empfindungen in deinem Energiefeld zu spielen und sie zu interpretieren. Es ist wichtig zu verstehen, dass die Bilder, Töne und Worte nur symbolische Hüllen der eigentlichen Erfahrung sind. Sie sind nicht die Erfahrung, sondern deren Suggestiv.

Am Ende wirst du keine klaren und genauen Botschaften wie Briefe, Telefonanrufe oder e-mails erhalten. Die Deva-Welt gleicht eher dem Wetter, dem Schwimmen im Meer, dem Segeln oder der Musik. Sie besteht aus einer Reihe von Stimmungen und Empfindungen – und du fängst an, ihrer Wirklichkeit zu trauen.

Wir fassen zusammen:

- Sei ruhig. Du kannst keinem Empfinden trauen, wenn du dich in einem erregten Zustand befindest.
- Sei entspannt und habe Humor. Nimm es nicht allzu ernst.
- Sei offen und in einem lyrischen Geisteszustand.
- Bewahre einen Zustand ständiger Selbstbeurteilung. Es handelt sich um einen Vorgang, nicht um ein einmaliges Produkt.
- Mache dich darauf gefasst, neue Stimmungslagen zu erleben. Vergiss nicht, es ist ein Lernprozess.
- Um fühlen zu können, was sich in deinem Energiefeld abspielt, musst du entspannt und dir deines Körpers bewusst sein.
- Erlerne die Kunst, deine geistige Vorstellung mit der Empfindung spielen zu lassen, in einer Weise, die nicht unbedingt Wirklichkeit sein muss.

Fange die Veränderung der Atmosphäre auf

Inzwischen wirst du dich damit abgefunden haben, dass Bilder und Klänge nicht wichtig sind. Die wichtigen Dinge sind die Empfindung und ihre Botschaft – die Veränderungen der Atmosphäre.

Vielleicht möchtest du eine Elfe in einem Ballettröckchen und mit Silberflügeln sehen, aber ist es nicht viel interessanter zu beobachten, wie sich der Blumen-Deva innerhalb deiner Aura anfühlt? Vielleicht möchtest du einen Heilengel in Gestalt des Erzengels Raphael sehen, golden und mit riesigen Flügeln, aber es ist weitaus wichtiger, ihn in deinem Innern zu spüren. Eine

Unterhaltung, die häufig in meinen Workshops stattgefunden hat, mag diesen Sachverhalt illustrieren.

Eine Studentin berichtet aufgeregt: „Ich bin in einem Wald gewesen und habe blinkende Lichter in der Luft schimmern gesehen. Das sind Elfen, nicht wahr?“

„Vielleicht“, gebe ich zur Antwort. „Wie aber war die Atmosphäre, als du die Lichter gesehen hast?“

„Sie waren hauptsächlich silbern und blitzten rot und grün auf“, antwortete die Schülerin, die immer noch am Visuellen haftete.

„Ich verstehe“, erwidere ich, „aber wie haben sie sich angefühlt?'

„Wie sie sich anfühlten?“ Sie war gereizt

„Ja.“

Oft schließt die Studentin ihre Augen, um sich zu konzentrieren und zu erinnern.

„Es war wie ein Wort, das wir alle benutzen“, antwortet sie, „es war magisch.“

„Kannst du dich daran erinnern, wie es sich in deinem Energiefeld anfühlte?“ frage ich. „Was hat dein Körper wahrgenommen?“

„Es hat geprickelt. Es war lustig. Und auch ein bißchen beängstigend.“

„Beängstigend?“

„Ja, weil es neu und anders war.“

„Hättest du gerne bei dieser Empfindung verweilt, um sie auszukundschaften, obwohl sie dich ein wenig ängstigte?“

„Natürlich!“

Bei diesem „natürlich“ kann ich fast sehen, wie sich ihr Geist erhellt. Typisch, sie hatte sich so stark auf die Lichter konzentriert, dass sie das wahre Erlebnis fast verpasst hätte. Sie mag auch ein wenig nervös gewesen sein, da es sich um ein neues Erlebnis handelte, was sie ebenfalls dazu veranlasst haben mag, nicht tiefer einzudringen.

Für Anfänger hat die Erfahrung gewöhnlich etwas Zauberhaftes an sich, das nur wenige Sekunden anhält – ein Licht, eine Farbe, ein Geruch oder eine Berührung. Es ereignet sich häufig in Parks, Gärten oder Wäldern. Es geschieht auch oft zu Hause, bei Beratungs- oder Therapiesitzungen, in schöpferischen Augenblicken und aufs Geratewohl. Ein kurzes Prickeln, ein Gefühl von Magie in der Luft, ein flüchtiger Moment des Seltsamen, Verlokkenden und Anziehenden. Alles mag in einer anderen Wirklichkeit schimmern. Du denkst, du siehst funkelnde Lichter in der Luft oder hörst einen Klang im Äther schweben. Die Bäume oder Pflanzen scheinen ihre Farbe zu wechseln.

Diese neue Wirklichkeit zieht deine Aufmerksamkeit auf sich, aber es gibt kein offensichtliches Zeichen aus der geistigen Welt – kein Deva in Uniform, der dich begrüßt. Du möchtest ein eindeutigeres Zeichen, aber du bekommst es nicht. So lässt du die Erfahrung also vorbeiziehen. Dein Nervensystem hat aber tatsächlich irgendeine Wesenheit und eine Aktivität registriert.

Wenn du herausfinden möchtest, was wirklich geschieht, musst du innehalten, dich entspannen und achtgeben, was du sonst noch fühlst. Das ist nicht schwierig. Sei still und aufnahmebereit. Warte und schaue, was du fühlst und verspürst.

Die Herausforderung besteht darin, diese magischen Augenblicke zu verlängern. Erwarte keine weiteren Lichtblitze oder klingenden Geräusche. Öffne die Tore deiner inneren Wahrnehmung. Überprüfe ganz ruhig die feinen Eindrücke, die du empfindest.

Joanna besuchte einige Freunde in einem Hochhaus in einer trostlosen Gegend im Osten Londons. Sie saß eine Weile am Fenster der Wohnung auf dem vierten Stock und blickte auf die kleinen, abgewetzten Grasbüschel und die wenigen kümmerlichen Bäume zwischen den Gebäuden hinunter. Der Anblick war eher häßlich, aber die Sonne schien und der Himmel war blau. Sie begann sich zu entspannen und hörte plötzlich Glockenklang.

Das Geräusch war in ihrem Kopf, und sie nahm es als ein Zeichen, dass sich etwas in ihrem Energiefeld tat. Sie ließ völlig los und begann, ihre Umgebung zu fühlen. Sie spürte die Energien, die in ihrem Geist sofort archetypische Formen annahmen. Mitten in einem niedergedrückten Großstadtviertel spürte und sah sie Elfen reihenweise auf dem Gras, um die Bäume und durch den kleinen Kinderspielplatz tanzen.

In einem normalen, verschlossenen Geisteszustand hätte sie es sich nicht träumen lassen, dass das tanzende Leben der Naturgeister an einem Platz wie diesem existieren könnte. Aber in der Sonne entspannt dasitzend, vermochte sie diese eindeutig wahrzunehmen. Sie musste sich jedoch entscheiden, sich ihrer bewusst zu werden.

Die einzig wichtige Fertigkeit

Du wirst inzwischen bemerkt haben, dass es keine grundsätzliche Fertigkeit gibt, Devas zu spüren. Wichtig ist die Fähigkeit, innerlich still zu sein und die Stimmung oder die Atmosphäre deiner Umgebung zu spüren. Eine Menge von wichtigtuerischem Hokuspokus ist über das Erlangen dieser Fähigkeit geäußert worden – dass sie sich nur bei großer Konzentrationskraft einstellt oder nur solchen Menschen zugänglich ist, die spirituell rein sind. Was mich anbetrifft, so denke ich, dass man diese Fähigkeit besitzt, wenn man länger als fünf Minuten einen Fernsehfilm anschauen, Musik lauschen oder eine Landschaft betrachten kann.

Du musst nur eine Weile ganz entspannt still sein können. Es gibt Tausende von Büchern, die sich mit Entspannung beschäftigen, doch eigentlich wissen die meisten Menschen, was es heißt, still und ruhig dasitzen zu können. Wenn du zusätzliche Unterstützung haben möchtest, dann kaufe dir eine der vielen Entspannungs-CD's oder experimentiere mit einigen, bis du weißt, welche dir am besten hilft.

Folgende Übung zur Entspannung und Konzentration hat sich als sehr hilfreich erwiesen.

Sitze oder stehe in angenehmer Haltung. Unternimm zwei Minuten absolut nichts. Allmählich wird alles ruhig werden. Sollte dies nach zwei Minuten nicht der Fall sein, warte ein wenig länger. Wenn du geduldig bist, wird sich früher oder später alles beruhigen.

Wenn du bereit bist, lenke deine Aufmerksamkeit in deinen Körper hinunter. Dein Brustkorb und dein Unterleib bilden eine riesige Höhle. In dieser Höhle ruhen alle deine inneren Organe. Fühle dich glücklich, dass sie dort sind. Grüße sie. Lasse deine Aufmerksamkeit dort in deinem Körper verweilen.

Dann lenke dein Bewusstsein in deinen unteren Magenbereich. Atme einige Male dort hinein. Wenn du bemerkst, dass du seufzst oder Laute der Erleichterung von dir gibst, fahre fort.

Sei entspannt und fühle dich wohl in deinem Körper.

Achte auf den Rhythmus deines Atems und das Gefühl, wenn er durch deine Nasenlöcher strömt. Sei dir deines Körpers und der Erde unter dir ganz leicht bewusst. Warte geduldig. Lasse los.

Wenn dein Geist zu sehr beschäftigt ist, sei nicht frustriert oder kritisch. Erkenne einfach nur, dass es zu deinem geschäftigen Leben gehört und lasse ihm ein wenig Zeit, sich zu beruhigen. Tritt ihm verständnisvoll und freundlich gegenüber.

Warte geduldig.

Je häufiger du in dieser Weise vorgehst, desto einfacher wird es.

In einigen Stammes- und schamanischen Überlieferungen wird die Ruhe durch rhythmisches Trommeln und Tanzen herbeigeführt. Der Trommelrhythmus und die Tanzbewegung veranlassen die Persönlichkeit, still zu werden - was manchmal auch als Trance ähnlicher Zustand bezeichnet wird, aber immer bewusst.

Die erste Verbindungsaufnahme

Nun wollen wir sehen, wie einfach es ist, dies in die Tat umzusetzen. Vielleicht hilft es dir, mit einem Freund zusammenzuarbeiten, weil du dann deine Eindrücke hinterher mit ihm besprechen kannst.

- Begib dich an einen Ort, an dem es möglicherweise Devas gibt und an dem du dich wohl fühlst. Das wird unterschiedlich sein, je nachdem welche Art von Mensch du bist und was du gerne tust. Die anschließende Liste gibt eine Reihe von Möglichkeiten, die du ausprobieren magst.
- Bei dir zu Hause – der Geist des Hauses
- In der Nähe deiner Lieblingsblume – Blumen-Deva
- In der Kirche, dem Tempel, der Synagoge oder einem anderen Ort der Gottesverehrung – Engel der Andacht
- Draußen, in einer wunderschönen Landschaft – Engel der Landschaft
- Wenn es einen Park, eine Kirche, einen Fluß oder einen Berg gibt, wo du immer eine Wesenheit gespürt hast, ist es ebenfalls ein guter Ort, um zu beginnen.

Wenn du bereit bist, wende die Technik an, damit du innerlich still und konzentriert wirst, so wie ich es oben beschrieben habe, oder nimm eine Übung, die sich für dich am besten eignet. Denke daran, eine Einstellung geduldiger Annahme ist der Schlüssel.

Ein unruhiger Körper oder eine aufgeregte Persönlichkeit werden dich davon abhalten, die feinstofflichen Wesenheiten zu spüren. Andererseits sei aber nicht zu ernst und zu gewissenhaft. Gehe entspannt und philosophisch an die Sache heran. Sitze einfach da und erwarte nichts.

Bist du bereit, ohne deine ruhige Haltung zu verändern, so lasse deine Aufmerksamkeit schweifen, um dein Umfeld abzutasten und zu erfühlen. Achte sehr still darauf, was du spürst. Dein Verstand mag sich wehren oder in Frage stellen wollen. Nimm sanft alles an, was dein Verstand tut.

Deinem Wesen entsprechend, erkenne dann die Anwesenheit des Deva. „Ich weiß, du bist da. Ich erkenne und begrüße deine Gegenwart."

Bleibe entspannt und beachte jeden Eindruck, jedes Empfinden oder

Gefühl. Sei sehr geduldig und achte darauf, was du fühlst und was dir durch den Kopf geht.

Einige Leute mögen sofort einen Eindruck auffangen. Andere werden vielleicht mehrmals neu ansetzen müssen, ehe sie ihrer Empfindung trauen. Es mag mehrerer Besuche und Betrachtungen bedürfen, bevor du das Empfinden hast, ein wirkliches Verhältnis und eine Beziehung aufgebaut zu haben.

Für einige Leute wird die Erfahrung der inneren Welt ganz offensichtlich sein; für andere sehr subtil. Sei darauf vorbereitet, die substanzlose Empfindung und den ätherischen Eindruck zu bemerken und an ihn zu glauben.

Solltest du das Gefühl einer mentalen Blockade haben, was diese Arbeit anbelangt, können dir vielleicht einige Affirmationen helfen. Diese vermögen die niederen Gedankenmuster, die dein Vorhaben zu sabotieren suchen, rasch und tiefgreifend verändern.

Affirmationen für die Arbeit mit Geistwesen

Bringe dich mittels der Übung, die am besten für dich wirkt, in einen ruhigen Zustand. Dann beginne laut oder schweigend eine oder mehrere der folgenden Affirmationen zu sprechen. Du kannst auch deine eigenen formulieren.

- Ich bin empfänglich und offen für die Devas und Engel
- Mein Verstand blockiert nicht meine Empfindsamkeit
- Das Universum unterstützt mich bei der Arbeit mit den Geistwesen
- Gott liebt mich und Gott liebt die Geistwesen. Gott möchte, dass wir zusammen arbeiten.
- Ich arbeite mit den Devas, um die Welt zu heilen und zu verändern.
- Die Welt braucht mich, um mit Devas zu arbeiten.
- Die Zusammenarbeit mit den Geistwesen gehört zu meinem geistigen Pfad.

- Sich der Geistwesen bewusst zu sein, hilft mir, zu wachsen und zu dienen.

Am Anfang wirst du es wahrscheinlich schwierig finden, diese Affirmationen so auszusprechen, als seien sie wahr und glaubwürdig. Doch wiederhole sie so oft und regelmäßig, wie du sie benötigst, bis du sie als wahr empfindest.

Betrachte die Dinge realistisch. Du stehst noch am Anfang, um eine Beziehung zur geistigen Welt aufzubauen. Vertrautheit stellt sich erst mit der Zeit ein. Wenn du eine Beziehung und ein eingeschwungenes Bewusstsein wünschst, musst du regelmäßig dafür arbeiten. Eine der größten Freuden in deinem Leben wird es sein, an Orte oder zu Situationen zurückzukehren, wo eine Beziehung zu dem jeweiligen Geist des Ortes besteht. Es ist, als kehre man zu einem alten Freund zurück.

Welche Ebene, welche Schwingung?

Bevor wir dieses Kapitel beenden, wollen wir einen Blick auf die unterschiedlichen Energiefelder werfen, in denen sich Geistwesen und Engel bewegen. Wenn du einen Schritt weiter gehen möchtest, wird dir diese Information helfen, deine Empfindsamkeit und Wahrnehmung feiner einzustellen. Wenn nicht, dann gehe einfach zu Kapitel sechs über.

Der Mensch ist ein physisches, emotionales, mentales und geistiges Wesen. Aber je nach unserer Stimmung konzentrieren wir uns vorwiegend auf eine Ebene. Es gibt Tage, an denen unsere Konzentration rein physisch und auf Nahrung und Sexualität ausgerichtet sein mag. An anderen wiederum befinden wir uns in einer eher philosophischen und kontemplativen Stimmung, und unser Augenmerk liegt auf dem Mentalen.

Einige Devas sind wie wir. Ihre Aufmerksamkeit konzentriert sich gleichzeitig auf mehrere Ebenen. Andere jedoch besitzen spezielle Energiefelder, innerhalb derer sie wirken. Die Naturgeister müssen sich vorwiegend auf die Ebene der physischen Lebenskraft oder des Prana konzentrieren, ein

Energiefeld, das alle lebendigen Kreaturen belebt. Ein Cherubim der religiösen Zeremonie mag sich hauptsächlich auf die Gefühlswelt konzentrieren. Eine Muse, die den Architekten inspiriert, mag sich nur mit dem gedanklichen Energiefeld beschäftigen. Ähnlich verhält es sich mit einem Gnom, der sein Augenmerk vorwiegend auf die Erde richtet, mit einem Salamander im Feuer, einer Sylphe in der Luft und einer Undine im Wasser.

Wenn mir also jemand erzählt, er habe ein Erlebnis mit einem Naturgeist gehabt, stelle ich immer zwei Fragen. Wie hat es sich angefühlt? Und auf welches Energiefeld hat er sich konzentriert?

Um bei der Arbeit mit den Naturgeistern eine größere Genauigkeit der Wahrnehmung zu erreichen, hat sich folgende Meditationsübung bewährt. Sie basiert auf dem Prinzip der natürlichen Abstufung der Energiefelder.

Die Erde stellt das dichteste Energiefeld dar, gefolgt von Wasser und Luft. Dann gehen wir zu der Dimension reiner Vitalität, dem Prana oder der Ätherenergie, über (viele Menschen sehen den ätherischen Schimmer eines Baumes, der seine physische Gestalt umgibt). Jenseits der Ätherebene befinden sich die Bereiche, in denen die Emotionen angesiedelt sind, dann kommen die Gedankenebenen und jenseits davon die Ebenen der Seele, der Intuition und des Geistes. Nachstehendes Diagramm stammt aus dem Buch von Alice Bailey.

EINEN DEVA WAHRNEHMEN

Reiner Geist	Dein Bewusstsein steigt die Ebenen empor und wird mit ihnen und der Art, in der sie sich anfühlen, vertraut.
Intuition	
Leichter Gedanke	
Mittlerer Gedanke	
Schwerer Gedanke	
Leichte Emotion	
Mittlere Emotion	
Starke Emotion	
Verschiedene Ebenen von Prana und Vitalität	
Luft	
Wasser	
Erde	

Die Ebenen emporsteigen

Wie immer, gehe zunächst auf eine Weise in dein Inneres, die dir am leichtesten fällt. Sorge dafür, dass du dich wohl fühlst, denn diese Übung mag eine Weile dauern. Vielen Leuten hilft sie auch dabei, in einen meditativen Zustand zu gelangen.

Wenn du ruhig und konzentriert bist, wende deine Aufmerksamkeit der materiellen Erde zu. Senke dein Bewusstsein in die Erde und fühle, wie sie sich anfühlt. Öffne dich für die unterschiedlichen Geister, die in der Erde leben. Beachte jeden Eindruck oder Gedanken.

Konzentriere dich nun langsam auf die Ebene des Wassers und gehe in der gleichen Weise vor. Wenn du bereit bist, gehe zur Luft über; dann auf das Energiefeld, das der Luft am nächsten liegt (dies wäre die vierte Ebene).

Dann schreite zu den darüberliegenden weiter – dem fünften, sechsten und siebten.

Öffne dein Bewusstsein für die emotionalen Energiebereiche – wie sie sich anfühlen und welche Geistwesen darin existieren. Versuche, sieben emotionale Stufen emporzuklimmen. Wenn du damit aber nicht zurechtkommst, wähle eine Methode, die dir angenehm ist.

Dann begib dich in die mental-gedanklichen Energieebenen.

Und danach gehe in die Bereiche der Intuition und des reinen Geistes.

An einem gewissen Punkt wirst du das Empfinden haben, dass du weit genug gegangen bist. Entspanne dich völlig. Lasse die ganze Übung sanft los.

Nach dieser Übung wird sich dein Bewusstsein wahrscheinlich in einem angenehmen, meditativen Zustand befinden. Verweile darin, solange es dir angenehm ist.

Sollte dich die Übung übermäßig erregen, höre auf.

Verbinde dich mit der Erde, umarme einen Baum und lasse deinen Körper und deinen Verstand die besänftigende Gegenwart von Erdboden und Natur fühlen.

6

Einstimmung und Handeln

Dieses Kapitel handelt davon, wie einfach sich der nächste Schritt gestaltet, der zu einer Zusammenarbeit mit den Devas führt. Eine solche Beziehung kann in vieler Hinsicht unterstützend und heilend sein.

Aktivität, „Handelnder" und Geist

Bei meinen Workshops in Findhorn entdeckte ich eine einfache dreiteilige Aufstellung, die jeder Zusammenarbeit mit den Geistern zugrundeliegt: Die Aktivität, der „Handelnde" und der Geist der Aktivität, was folgendermaßen aussehen kann:

HANDELNDER	AKTIVITÄT	GEIST
Künstler	Malen	Muse
Heiler	Heilung	Heilengel
Gärtner	Beschneiden	Elfe
Geschäftsmann	Geschäft	Merkur (der Geist guter Kommunikation)

Du sinnst nach und stimmst dich auf die Tätigkeit und ihren Geist ein. Dann handelst du.

Warum solltest du das überhaupt wollen? Der Geist der Aktivität, der Deva, trägt in seinem Energiefeld das Muster für die vollkommene Erfüllung dieser Aktivität. Wenn du also dein Bewusstsein öffnest, um diesen Deva zu fühlen, wirst du selbst vom Bewusstsein des Devas eingehüllt und mit ihm verbunden werden. Die Vorlage vollkommener Erfüllung, die der Deva trägt, ist nun mit deinem eigenen Feld verknüpft. Das führt, inspiriert, färbt, beschwingt und harmonisiert deine Tätigkeit und wie du sie ausübst.

Die nachstehende Liste stellt diese Beziehung zwischen Handelndem, Handlung und Geist tabellarisch dar.

Der Gärtner stimmt sich ein auf	den Rosenstrauch Rosenbusch-Deva – Rosenelfe (inneres Muster des vollkommenen Strauchs)	Der Gärtner handelt
Der Heiler stimmt sich ein auf	die kranke Person Heilengel – Raphael (inneres Muster vollkommener Heilung)	Der Heiler handelt
Der Arbeiter stimmt sich ein auf	sein Geschäft Engel des Geschäfts – Merkur (inneres Muster eines vollkommenen Geschäfts)	Der Arbeiter handelt

Der Liebhaber stimmt sich ein auf	die Beziehung Engel der Beziehung – Cupido/Eros (inneres Muster einer vollkommenen Beziehung)	Der Liebhaber handelt
Der Mensch stimmt sich ein auf	sein persönliches Wachstum Engel persönlichen Wachstums – Schutzengel (inneres Muster vollkommenen Wachstums)	Der Mensch handelt
Der Bootsbauer stimmt sich ein auf	das Boot Bootsgeist (inneres Muster eines vollkommenen Bootes)	Der Bootsbauer handelt

Im zweiten Kapitel habe ich beschrieben, wie bestimmte Südsee-Insulaner beim Bau ihrer Kanus bei jeder Stufe Rituale durchführen. Die Gesänge und Zeremonien sind ihre Methode, sich auf das Boot und die Geister eines vollkommenen Gefährts einzustimmen.

Im Laufe ihrer Arbeit verbanden sich die Bootsbauer mit anderen freundlichen Geistern. Zuerst stimmten sie sich auf den Geist des Waldes und der Bäume ein, damit sie ihnen halfen, den richtigen Stamm auszusuchen. Während sie ihn aushöhlten, haben sie sich wahrscheinlich mit Neptun und den Geistern des Meeres verbunden, um den Stamm in einer Weise zu bearbeiten, dass das Kanu rasch durch das Wasser gleitet.

Die Vorstellung, die Geister einzuladen, mag zunächst schwierig oder unüblich erscheinen – in Wirklichkeit aber ist es einfach und nichts Ungewöhnliches. Du musst nur offen sein, um die innere Schönheit und Kreativität des Lebens zu spüren und zu fühlen. Ich habe noch niemals jemanden getroffen, der sich nicht irgendwann einmal von dem Zauber einer Landschaft, des sich kräuselnden Wassers, einem tanzenden Feuer, der Musik, der Kunst oder eines Lächelns hat berühren lassen.

Es bedarf nur ein wenig deiner Vorstellungskraft. In Kapitel fünf haben wir darüber gesprochen, wie unkompliziert es ist, die Anwesenheit von Devas zu bemerken und zu fühlen. Der nächste Schritt besteht darin, den Eindruck deinen Verstand berühren zu lassen und zu beobachten, wie deine Vorstellungskraft ihn interpretiert.

Ganz bewusst lädst du dadurch einen bestimmten Geist in dein Energiefeld ein. Von ihrer Seite aus gibt es keinen Widerstand und sie gleiten in diese Beziehung so, wie Wasser den Berg hinunter läuft. Ihre Aufgabe besteht darin, mit uns in Harmonie zu schwingen, gleichgültig wie eigensinnig wir sein mögen. In „The Deva Handbook" schreibt Nathaniel Altman:

„Es war nicht so, dass die Devas nicht an einer Verbindung zu mir interessiert gewesen wären, sondern eher so, dass ich mich selbst daran gehindert hatte, ihnen entgegenzugehen...Ich hatte an dem weitverbreiteten Glauben festgehalten, dass ich von der Natur getrennt und eigenständig lebte und dazu geneigt, die nicht animalische Welt als eine Welt der Objekte zu betrachten und nicht als eine Welt lebendiger Wesen, mit denen ich eng verbunden war."

Der Gedanke erzeugt Schwingung

Die Devas werden mittels einer Art telepathischer Schwingung gerufen. Nur an sie zu denken, erzeugt bereits die Schwingung. Diese Gedankenschwingung baut eine harmonische Verbindung auf, zieht ihre Aufmerksamkeit an, und sie wenden sich dir zu. Ihre Reaktion folgt einem physikalischen Grundgesetz: Gleiches zieht Gleiches an. Der Gedanke an einen bestimmten Deva erzeugt ein elektromagnetisches Signal, das sich in kleinen Wellen holographisch nach außen bewegt. Es wird durch den Raum in den inneren Dimensionen in einer Weise gefühlt, die weder durch Zeit noch Entfernung gehindert wird. Dieses Grundprinzip wird von allen mystischen, okkulten und schamanistischen Überlieferungen anerkannt.

Um die Geister einzuladen, musst du zuerst eine gewisse Vorstellung von ihnen haben, was aber kein vollkommenes und vertrautes Farbbild sein muss. Die geringste Ahnung von ihnen genügt. Einfachheit und eine wohlmeinende Absicht reichen aus.

Einige Leute sind besorgt, da sie noch nicht einmal eine allgemeine Vorstellung von einem Geist haben. „Wie kann ich an ihn denken oder ihn sogar rufen, wenn ich überhaupt nichts von ihm weiß? Ich habe noch niemals zuvor mit einem Geist gearbeitet. Ich bin ein absoluter Neuling." Einige Beispiele mögen dieses Problem lösen. Nehmen wir an, du möchtest den Engel deines Hauses herbeirufen. Halte einen Augenblick inne und stelle dir vor, wie er aussehen könnte. In seinem tiefsten Kern „wird es sich um eine Art von Energie oder Atmosphäre handeln, die in oder um dein Haus schwebt, und seine Anwesenheit wird deinem Haus in irgendeiner Form Segen bringen". Diese Vorstellung genügt, um eine anfängliche Verbindung herzustellen.

Vorbereitung

Wenn du irgendeine Sache angehen willst und einen Deva zur Mitarbeit herbeirufen möchtest, denke eine Weile über dein Vorhaben nach und darüber, wie du vorgehen möchtest. Führe dies mehrere Male aus, bis du das Gefühl hast, die Angelegenheit gut im Griff zu haben. Welche Probleme und Herausforderungen gibt es? Wie soll es ausgehen? Wie soll es ablaufen? Welches Material brauchst du? Es wäre dumm, einen Strauch zum ersten Mal trimmen zu wollen, ohne vorher darüber gelesen oder sich praktischen Rat eingeholt zu haben.

Dann öffne deinen Geist und dein Herz für die Möglichkeit, dass es ein Geistwesen gibt, das die Sache versteht und helfen kann. Dieser Deva weiß genau, was zu tun ist und kennt alle Möglichkeiten und Schwierigkeiten. Er weiß bereits, wie die Arbeit einwandfrei durchgeführt werden kann. Sein Bewusstsein und sein Energiefeld werden einen anregenden Segen bringen.

Nimm es glücklich an, dass ein solches Wesen existiert und es ganz leicht in eine Zusammenarbeit mit dir gleitet.

Lade ein und anerkenne

Als Nächstes musst du eine Einladung aussprechen und telepathisch oder laut den Geist bitten, bei dir zu sein. Die Einladung basiert auf deiner Meditation. Du hast dich auf den Geist eingestimmt und an ihn gedacht. Der Gedanke ist das anziehende Moment gewesen.

Die telepathische oder laut ausgesprochene Einladung öffnet dein Energiefeld. Es entsteht eine Art Vakuum, das den Geist näher zieht. Du gehst ihm dadurch auch mehr entgegen, um eine Verbindung zu ihm zu schaffen.

Unmittelbar nach der Einladung sollte die dankbare Anerkennung seiner Anwesenheit folgen.

Die Grundeinladung

Bediene dich der Methode, die am besten für dich wirkt, werde innerlich ruhig.

Wenn du soweit bist, beginne über den Geist nachzudenken. Öffne ihm Geist und Herz.

Bringe die Einladung laut oder schweigend mit solchen Worten klar zum Ausdruck, die dir echt erscheinen. Verharre in stiller Kontemplation. Ob du nun tatsächlich etwas spürst oder nicht, nimm an, dass der Geist bei dir weilt. Danke ihm schweigend oder mit lauten Worten.

Verweile still und beachte alle Gefühle, Eindrücke oder Gedanken.

Bedanke dich zum Schluss noch einmal.

Hier ist der einfache Vorgang, einen Geist für dein Heim herbeizurufen:

Den Engel des Hauses rufen

Entspanne dich und gehe nach innen.
Betrachte still dein Haus und lasse deinen Geist durch die Zimmer und zu den Menschen wandern, die darin leben. Dann sinne über den Engel nach, der in deinem Haus sein könnte, um es zu segnen und durch seine Gegenwart dazu beiträgt, dass alle Bewohner in harmonischer, schöpferischer und heilender Weise zusammen leben.

Dann sprich oder denke etwa folgende Worte: „Engel des Hauses, ich lade dich ein, hier zu sein. Engel des Hauses, ich danke dir für deine Anwesenheit."

Wähle die Worte, die dir am angenehmsten sind. Vielleicht brauchst du auch gar keine Worte, sondern zündest nur eine Kerze an und fühlst dich den Geist anrufen und willkommen heißen.

Es ist wichtig, dass du seine Anwesenheit dankend anerkennst. Selbst wenn du dir nicht sicher bist, ob der Geist tatsächlich zugegen ist, handele so, als wäre er es. Er wird bei dir sein, obwohl du ihn in diesen Augenblicken nicht spüren magst. Sprich oder denke Worte wie diese: „Engel des Heims, ich erkenne dich dankbar an."

Gib acht, dass sich dein Verstand nicht in Gedanken wie diesen verfängt: „Ich weiß eigentlich nicht, wie dieser Deva ist...das ist nur meine Phantasie, die mich zum Narren hält...Wie kann ich erkennen, ob er tatsächlich hier ist?... Ich bin ein Narr." Schiebe deinen üblichen mentalen Unglauben beiseite und gib dich einer eher spielerischen und fantasievollen, einer poetischen und lyrischen Dimension hin.

Vertraue darauf, dass deine Einladung und deine dankbare Anerkennung seiner Gegenwart ihre Wirkung haben werden. Akzeptiere einfach, dass der Deva bereits bei dir ist.

Sorge dich nicht, wenn du nicht sicher bist, was wirklich geschieht. Wenn du diese Arbeit eine Weile durchgeführt hast, wird es dir leichter fallen, die Feinheiten anzunehmen. Das Empfinden einer Verbindung stellt sich nicht ein wie ein Telefonanruf oder ein Brief. Früher oder später wirst du einen Stimmungswandel feststellen.

Denke daran, die Reihenfolge für jede geistige Verbindung gestaltet sich folgendermaßen:

- Einstimmung. Du stimmst dich auf die Aktivität und den Geist der Aktivität ein.
- Einladung. Du lädst den Geist ein, damit du mit ihm zusammenarbeiten kannst.
- Betrachtung. Du sinnst über die Eindrücke und Inspirationen nach, die du durch die Anwesenheit des Geistes empfängst.
- Handlung. Du handelst im Anschluss an den Eindruck und die Inspiration.

Dankbarkeit und Verbundenheit

„Elfen! Achtung! Schnell!“ Das ist keine sehr konstruktive Weise, die Naturgeister herbeizurufen, damit sie dir helfen, den Garten umzugraben. Dieser energische Ton ist natürlich grob und garstig, aber nicht der eigentliche Grund, weshalb er unangebracht ist.

Wir sollten höflich und dankbar Verbindung zu den Geistern aufnehmen, weil wir dadurch besser mit ihnen in Einklang schwingen. Höflichkeit und Dankbarkeit sind Stimmungslagen. Sie schaffen eine Schwingung, die mit den Devas harmoniert. Es ist leichter, sich mit den Devas zu verbinden, wenn wir ihnen ähnlicher sind.

Nur einige Minuten der Stille und Besinnung beruhigen unsere typisch menschliche Quirligkeit und bringen uns in einen harmonischeren und schöneren Rhythmus. Unser Atem und der Pulsschlag unseres Lebens werden anmutiger. Auf dieser Ebene empfindet man die Devas als freundliche Gefährten. Sie begleiten dich auf allen deinen Wegen und bei allen deinen Handlungen.

Devas zu spüren, ist nicht so etwas, wie ein Fußballspiel oder ein Musical anzuschauen, wobei zwischen dir und der Aktivität eine Entfernung besteht. Du begibst dich in eine Art Familie oder Gemeinschaft mit ihnen. Aus diesem Grunde hört man Leute, die mit ihnen zusammenarbeiten, oft sagen, dass sie nicht mit Geistern, sondern diese mit ihnen verbunden sind. Dieses fortwährende Empfinden von Kameradschaft und Verbundenheit gehört zu den großen Freuden dieser Arbeit. Viele Menschen, die vor allem in der Landschaft oder an heiligen Plätzen alleine arbeiten und leben, haben niemals Einsamkeit empfunden oder das Bedürfnis nach menschlicher Gesellschaft verspürt. Die Kameradschaft der Geistwesen genügt ihnen vollkommen.

Verbinde dich mit ihnen, wie du wirklich bist

Obwohl wir in der Harmonie der Stille sehr leicht Zugang zu den Geistern finden, ist dies nicht die einzige Gelegenheit. Es gelingt uns ebenfalls, wenn wir in Schwung oder in einer schöpferischen Phase sind und ein wunderbarer Rhythmus und lebendiger Pulsschlag herrscht. Dies kann bei vielen Gelegenheiten in unserem Alltag geschehen.

Sicherlich hast du irgendwann einmal beim Verrichten einer Arbeit große Freude verspürt. Zufriedenheit erfüllte dich. Die Tätigkeit als solche spielt dabei keine Rolle. Sie enthält einen anderen Klang, eine andere Eigenschaft und wird erfüllt von Schönheit und Harmonie.

Es ist eines der schönsten Erlebnisse, mitten in einer Tätigkeit zu stehen und gleichzeitig die Kameradschaft eines Geistwesens zu fühlen. Hast du jemals unter einem Baum oder an einem Fluss gesessen und seine Freundschaft gespürt? Stelle dir einen unsichtbaren, aber sehr freundlichen Baum vor, während du deine Hausarbeit erledigst, Rechnungen schreibst oder spazierengehst.

Dieser Zauber einer solchen Engelnähe mag sich bei einer sehr langsamen, sorgfältigen Tätigkeit einstellen oder im Strom der Kreativität. Jeder hat einmal die belebende Erfahrung gemacht, eine Welle stürmisch schöpferischer Energie zu erhaschen. Von diesem Augenblick heißt es oft, das Feuer der Muse habe den Künstler inspiriert.

Für jemanden, der die Stille und Besinnlichkeit liebt, scheint es undenkbar zu sein, dass man mitten in der Raserei eine Verbindung zu den Engeln herstellen kann. Doch wer wird leugnen, das van Gogh oder Beethoven von den höchsten Musen der Kunst inspiriert worden sind? Wilde Tänze und Trommelmusik wirken ebenso inspirierend und verbindend wie die ruhigeren Methoden. Wie alles andere in unserem Universum, haben auch die Vulkane ihre großen Geistwesen. Die menschliche Aktivität hat manchmal etwas vulkanartiges an sich, was gesund ist.

Wichtig ist, dass du das Thema Geistwesen nicht frömmelnd angehst. Mit ihnen zusammenzuarbeiten, ist eine praktische Alltagsangelegenheit, und diese Verbindung kann in einer Weise zustande kommen, die zu deinem Charakter und der jeweiligen Aktivität passt. Eine spießige Einstellung geistiger Selbstkontrolle ist falsch. Du brauchst die Disziplin, inne zu halten und nachzudenken. Du benötigst Vertrauen, um durch das erste Tor der Erfahrung zu schreiten. Aber dahinter brauchst du die Freiheit, derjenige zu sein, der du wirklich bist, mit allen Fehlern und Schwächen, introvertiert oder extrovertiert, wilder Tänzer oder stille Maus.

Klare Eindrücke

Es gibt im Grunde genommen zwei Möglichkeiten, Eindrücke aufzunehmen, wie du dich verhalten und wie du handeln sollst. In stiller Kontemplation vermagst du ein Gefühl dafür zu bekommen, wie du als nächstes vorgehen musst. Andererseits aber kann sich dieses klare Empfinden auch erst hinterher einstellen.

Im ersten Fall ist es wichtig, dass du entspannt und geduldig bleibst. Bist du angespannt oder ungeduldig, wirst du nur den „Lärm“ deiner geistigen Verfassung vernehmen. Du kannst den Vorgang auch fördern, indem du die Lage aus unterschiedlicher Sicht betrachtest und dich neuen Perspektiven öffnest.

Kläre deine Eindrücke

Konzentriere dich und schwinge dich ein auf das, was du vorhast und auf den Geist dieses Vorhabens. Rufe die Geistwesen in deiner Weise an und anerkenne dankbar ihre Anwesenheit.

Ob du ihn nun spürst oder nicht, der Geist ist jetzt mit deinem Energiefeld verbunden. Bleibe entspannt und ruhig. Fühle ein gewisses Wohlwollen und die Kameradschaft mit dem Geist.

Sitze nun eine Weile geduldig da. Lasse die bevorstehende Aktivität in deinem Bewusstsein gedanklich oder in Form von Bildern ablaufen. (Sei nicht beunruhigt, wenn sich keine klaren Bilder einstellen. Es ist nicht wichtig.) Bleibe entspannt und siehe dich die Tätigkeit ausüben. Welcher Eindruck wird in dir erweckt? Entspanne vor allem deine Augen und deine Stirn. Erwarte nichts, öffne dich nur für neue Ideen oder Vorstellungen. Sei sehr geduldig.

Vielleicht stellen sich weder klare Gedanken noch eindeutige Bilder ein. Doch wahrscheinlich wirst du ein Gefühl für die Atmosphäre und die Art, in der du vorgehen wirst, bekommen. Vielleicht sollst du fröhlich vor dich hin pfeifen, vielleicht aber auch konzentriert und sorgfältig arbeiten.

Sinne darüber nach und lasse deine Phantasie mit neuen Möglichkeiten spielen. Dazu mag eine neue Stimmung oder eine neue Einstellung gehören. Um das Wesen der Aktivität zu erkennen, musst du vielleicht lockerer sein, konzentrierter oder kreativer. Versuche, dich von alten und festgefahrenen Vorstellungen zu lösen und dich für neue Gedanken zu öffnen. Je spielerischer du mit deiner Vorstellungskraft umzugehen weißt, desto größer der Raum für Inspiration.

Wenn du in diesem kontemplativen Prozess lange genug verweilst, magst du den gesamten Handlungsablauf erfassen. Du kannst die Einstimmung natürlich mehrmals wiederholen, bis du dich sicher fühlst, den nächsten Schritt zu unternehmen.

Es kann sein, dass du keine unmittelbare Klarheit gewinnst, aber wenn du diese Übung mehrmals durchführst und dir die Zeit nimmst, über dein Vorhaben nachzusinnen, wirst du mit Sicherheit neue Ideen und Einfälle haben. Der in Kapitel zwei erwähnte skandinavische Geschäftsmann Sven, der sich auf den Engel seiner Fabrik einstimmte, handelte nicht über Nacht. Jeden Morgen ging er in seine Fabrik, rief seinen Engel herbei, sann über sein Geschäft nach und achtete auf alle Eindrücke, die ihm durch den Kopf gingen. Erst wenn er sich ganz sicher war, handelte er.

Zuverlässigkeitsprüfung

Aus der Tiefe deiner Kontemplation heraus kannst du überprüfen, ob deine Eindrücke zuverlässig sind, aber erst dann, wenn du bereits eindeutig ein Gefühl für deinen nächsten Schritt erhascht hast. Wenn du deine Skepsis allzu rasch mit ins Spiel bringst, kannst du den gesamten Prozess blockieren.

Entspannt und ruhig musst du sehr einfache und sachliche Fragen stellen. Ist es klug, so vorzugehen? Wird es irgendetwas oder irgendjemandem schaden? Bedeutet es eine Verbesserung dessen, was ich bereits tue? Dient es meinem Reifungs- und Wachstumsprozess? Welche Auswirkungen wird es haben? Dient es der Situation? Habe ich das Gefühl, dass es richtig ist, weiterzugehen?

Wenn du diesen Prozess durchläufst, achte auf die Art deiner Persönlichkeit. Falls du dazu neigst, überkritisch oder zu vorsichtig zu sein, werden diese Züge deine Betrachtung dieser Fragen beeinflussen. Bist du hingegen impulsiv, werden sich andere Neigungen zeigen.

Und wenn dein Verstand zu murren beginnt, weil du keine glasklare Antwort erhältst, dann denke daran, dass das Leben immer ein Lernprozess ist.

Dem blauen Licht folgen

Wenn du keine Klarheit gewinnst, magst du besorgt sein und von Zweifeln überwältigt werden. Doch es wird dir helfen, wenn du daran denkst, wie oft die Menschen unbewusst mit den Devas zusammenarbeiten. Zahlreiche Künstler und Musiker nehmen ihre geistigen Gefährten nicht einmal wahr. Die Konzertsäle sind erfüllt von Engeln der Musik, die sowohl die Musiker als auch die Zuhörerschaft inspirieren. Jerry Garcia von der Rock and Roll Band „The Grateful Dead" meinte einmal, dass ihre Musik ankam, weil „sie immer dem blauen Licht folgte". Hellsehende Freunde hatten bei ihren Konzerten die wunderbaren Engel der Musik bemerkt, die das Spiel der Band ihrer Begabung entsprechend zur Vollendung brachten. Diese Musen werden oft als riesige Farb- und Lichtwolken wahrgenommen, die sich in den Lichtdarbietungen, die solche Konzerte oft begleiten, widerspiegeln. Man hat sie auch bei Stammesversammlungen und klassischen Konzerten gesehen. Cyril Scott schreibt in seinem Buch "Musik - Ihr geheimer Einfluss" über diese Erscheinungen.

Aber nicht nur Künstler werden, ohne es zu wissen, von diesen unsichtbaren Gefährten begleitet. Familienväter, Geschäftsleute, Heiler, Therapeuten, Gärtner, Rechtsanwälte und viel andere haben ihre Devas. Sie werden von Geistwesen begleitet, die ihnen dabei helfen, ihre Arbeit in der bestmöglichen Weise zu verrichten. Ich möchte sogar so weit gehen zu behaupten, dass ganz allgemein wohlwollende und freundliche oder kreative und begabte Menschen bei ihrer Tätigkeit von hilfreichen Geistwesen unterstützt werden. Man kann die Verbindung spüren, da man merkt, wie die Arbeit fließt, sodass man weitermachen möchte.

Einer Arbeit mit freudiger Erwartung entgegenzusehen, ist ein gutes Zeichen dafür, dass ein Geist mit dem Vorhaben in Verbindung steht. Deine Einstellung wird ohnehin einen interessierten Deva anziehen. Andererseits kann man fast mit Sicherheit davon ausgehen, dass du nicht mit dem Engel des Hauses verbunden bist, wenn du keine Lust hast, das Haus zu putzen, obwohl es dir weder an Zeit noch Energie mangelt.

Den meisten Menschen sind diese Dinge jedoch nicht bewusst. Wenn du dir also nicht sicher bist, welcher Schritt der nächste sein soll, bedenke, dass du nicht alleine bist.

Nachdem du dich eingestimmt und den Geist angerufen hast, spielt es eigentlich keine Rolle, wenn dir der nächste Schritt nicht klar vor Augen steht – du würdest ihn ohnehin machen. Blicke deinem Vorhaben entgegen, führe es durch und gib dein Bestes. Folge dem blauen Licht. Der Musiker kann nicht auf Klarheit warten, denn seine Zuhörer und die übrigen Mitglieder der Band haben ihren eigenen Zeitplan. Ebenso muss die Küche sauber gemacht werden.

Wenn es in unserem Energiefeld ein Geistwesen gibt, können wir instinktiv auf diese Beziehung reagieren. Es verhält sich wie beim Segeln. Sobald der Wind und die Strömung ihre Richtung ändern, müssen Segelstellung und Steuer angeglichen werden. Diese schöpferische Angleichung und Absicht kann in diesem Moment nicht logisch ausgedrückt werden. Wenn ein Kind lernt, mit dem Fahrrad die Kurven zu nehmen, kann man auch nicht sagen: „Gehe zehn Grad in die Neige." Es handelt sich hier um ein kreatives Geschehen, das sich mit jeder Kurve und jedem Tempo ändert.

Einstimmen und Handeln

Die Arbeit mit den Geistwesen geschieht zum Teil instinktiv. Zu viel Bewusstsein kann ein hölzernes Verhalten hervorrufen. Vielleicht möchtest du klarer sehen und mehr Gewissheit haben, aber wir haben es hier nicht mit logischer Dynamik zu tun, sondern mit Instinkt, Intuition und Möglichkeiten. Es ist eine Kunst, wie alles andere auch.

Doch vielleicht bestehst du darauf zu wissen, was es mit dem Bauplan des Deva auf sich hat, eine Sache perfekt zu erfüllen. Sicherlich ist er kristallklar. Nein, er ist es nicht. Der Bauplan des Deva ist nur eine allgemeine Vorstellung davon, wie die Möglichkeiten vollkommen erfüllt werden können.

Es gibt Millionen verschiedene Möglichkeiten, in denen ein Baum sein volles Wachstum erreichen kann. Dennoch können einige Aspekte, wie die

Zellteilung und das Bedürfnis nach Feuchtigkeit und Licht, nicht geändert werden. Ein Geiger ist an die Schwingung der Saite seines Instruments gebunden, aber darüber hinaus spielen Begabung und Zeitpunkt eine Rolle.

Öffne dich also für das Feedback der Selbstbetrachtung. Beobachte, was geschieht. Lerne und wisse, dass du es das nächste Mal besser machen kannst. Ob ein Eindruck sich als sinnvoll erweist, lässt sich nur sagen, wenn du ihn in die Praxis umsetzt und über seinen Wert nachdenkst.

Das Bedürfnis zu handeln

Die Geschichte eines Gärtners in der Findhorn Foundation macht deutlich, was es heißt, nicht zu handeln. Man fand ihn oft in der Wiese liegen, wenn er diese hätte mähen sollen. Als man ihn schließlich fragte, was er denn triebe, erwiderte er, es sei grausam, das Gras zu schneiden. Deshalb stimme er sich auf das Gras und seine Naturgeister ein und mache ihnen den Vorschlag, zur Seite zu wachsen, um ihrem grausamen Schicksal zu entgehen.

Man gab ihm eine andere Arbeit.

Einige Leute sind von Natur aus vorsichtig, und die Zusammenarbeit mit den Naturgeistern lässt sie so vorsichtig sein, dass sie am liebsten gar nichts unternehmen würden. Sie fürchten, dass die Eindrücke, die sie erhalten, falsch und vielleicht sogar schädlich sein könnten. Aus diesem Grunde zögern sie zu handeln.

Der Deva trägt das innere Muster, aber es bedarf der Handlung des Menschen, damit es geschieht. Ein großartiges Gemälde entsteht nicht nur, weil eine Muse, die Inspiration, durch den Raum schwebt. Das Gemälde entsteht, weil Leonardo den Pinsel auf die Leinwand setzt.

Auf den Weltgeist eingestimmt zu sein bedeutet, eine umfassendere und tiefere Lebensperspektive zu haben. Sie schenkt dir eine größere Freiheit und eine größere Reife. Aber du musst immer handeln. Der Heiler muss Energie durchfließen lassen. Ein Ritual verlangt symolische Sprache und Bewegung. Der Gärtner muss graben, schneiden oder pflanzen. Der Geschäftsmann muss strategisch vorgehen. Der Künstler muss den Stift ansetzen, die Finger auf die Tasten legen, den Stein meißeln. Der geistige Pfad einer Zusammenarbeit mit den Naturgeistern ist vollkommen ausgewogen. Die Rolle des Menschen besteht darin - zu handeln.

7

Enger mit den Naturgeistern zusammenarbeiten

Dieses Kapitel wird dir helfen, enger mit unseren unsichtbaren Gefährten zusammenzuarbeiten. Wie weit du gehst, wird natürlich von deinen individuellen Umständen abhängen. Die eine Seite des Spektrums bildet die gelegentliche Einstimmung, die andere, sich der Wirklichkeit der Engel beständig bewusst zu sein.

Das menschliche Umfeld

Dein Leben ist tief und in persönlicher Weise mit der Deva-Welt verwoben, ob du es bemerkst oder nicht. Überall in deinem Körper gibt es dieses Deva-Leben, in jedem Atom und Organ, aber auch in deinen Emotionen und deiner Mentalenergie.

Auf diesem Planeten sind wir die treibende Kraft, weshalb wir ganz besonders mit den Naturgeistern verbunden sind. Wir üben eine beachtliche Wirkung auf die physische Welt aus. In den gedanklichen und emotionalen Energiefeldern liegen unser Haupteinfluss und unsere stärkste Kraft. Unsere Psyche und Vorstellungskraft, unsere Stimmungen und Gedanken erzeugen unablässig neue Strömungen und Formen in den emotional-geistigen Dimensionen.

Hast du jemals darüber nachgedacht, welche Energie in einen Gedanken oder ein Gefühl fließt? Wenn du eine Emotion zum Ausdruck bringst, bewegt sich emotionale Energie. Wenn du über etwas nachdenkst, strahlst du Gedankenenergie aus. Es gibt sechs Billionen Menschen, die das Gleiche tun.

Stelle dir vor, welches Bild ein Hellseher aus der Entfernung wahrnimmt. Das emotional-gedankliche Feld muss einem wirbelnden, sich beständig verändernden Meer verschlungener Strömungen, Strudel und Explosionen gleichen. Jeder von uns ist daran beteiligt; und dieses riesige, bewegte Energiefeld beeinflusst jeden von uns. In unserer eigenen Weise sind wir wie Wasser, Wind und Flammen. Wir hören niemals auf, uns zu bewegen, zu fühlen und zu denken.

Um das Engelreich erfassen zu können, ist es wichtig, die Realität dieser inneren Dimensionen der Gefühle und Gedanken zu verstehen und zu spüren. Die folgende Übung wird dabei helfen.

Geister der Gedankenformen

Werde schweigsam und still. Sitze eine Weile geduldig da und erfreue dich der Stille.

Dann lasse dein Bewusstsein langsam über den Platz, an dem du sitzst, hinausgleiten. Werde dir des Raumes, der dich und die Erde umgibt, bewusst.

Wenn du diesen Raum spürst, denke daran, dass er von Gedanken und Emotionen erfüllt ist. Sinne über diese riesigen Energiefelder nach und erkenne allmählich, dass Gedanken- und Gefühlswolken von speziellem Charakter darin schweben.

Manche Gedankenformen gehören zu bestimmten Religionen. Es gibt Gedankenformen, die mit Filmstars oder politischen Bewegungen verbunden sind. Lasse dein Bewusstsein einfach an diesen Wirklichkeiten entlanggleiten. Beachte, dass diese Wolken Deva-Essenz in sich tragen und von Geistern begleitet werden.

Wende dich nun einem schönen Gedanken zu. „Ich liebe die Natur" oder „Ich wünsche jemandem großen Erfolg." Achte darauf, wie das bloße Denken und Fühlen dieses Gedankens eine Energiebewegung erzeugt.

Denke darüber nach, dass die Gedankenenergie Deva-Essenz enthält.

Sinne darüber nach, dass dein Gedanke unaufhörlich umherschwebt und sich mit ähnlichen Gedanken vereinigt.

Denke darüber nach, dass sich ein Deva um diese Gedankenwolke, diese Gedankenform kümmert, wie eine Elfe um eine Blume.

Denke eine Weile darüber nach, wie viele Gedankenformen dort umhergleiten. Achte darauf, welche deine Aufmerksamkeit an sich zieht. Bedenke immer, dass Geister sie begleiten.

Diese Übung wird dich erkennen lassen, wie wichtig die Menschheit für die Deva-Welt im Hinblick auf den energetischen Aspekt ist. Die Trauer und der Protest angesichts des Verlustes der Schönheit und Vielfältigkeit unserer Wälder mögen dir vertraut sein. Diese Regionen sind auch die Heimat und die Entwicklungsbereiche für unzählige Naturgeister gewesen. Aber es gibt auch eine große Anzahl von Geistern, deren Entwicklungsbereiche im Feld menschlicher Gedanken und Gefühle liegen. Einige grüne Aktivisten mögen es zwar bestreiten, doch auch unsere Menschheit würde stark vermisst werden. Für die Geister dieses Planeten bilden wir eine wichtige Gemeinschaft.

Energie in eine Beziehung fließen lassen

Wir Menschen bewegen eine riesige Energiemenge im emotionalen und gedanklichen Bereich. Wir sind nicht nur als physische Geschöpfe ebenso faszinierend wie Tiger oder Wale, sondern auch als seelische Wesen. Wenn wir uns ganz bewusst der geistigen Welt zuwenden und danach trachten, mit ihr Verbindung aufzunehmen und mit ihr zusammen zu arbeiten, ist das ein sehr wesentlicher Vorgang. In dir gibt es Elemente, die aus dem Mineral-, Pflanzen- und Tierreich stammen. Es mag dir nicht bewusst sein. Aber wenn du dein Bewusstsein auf die Engel richtest, ist dies für sie ebenso bedeutungsvoll wie für dich.

Im Hinblick auf die Vorgänge in der Natur sind die Engel passiv. Sie überwachen den Bauplan, während wir aktiv sind. Aber was die Beziehung

Mensch-Engel betrifft, sind wir der passive Teil! Sie sind immer da, sind sich unser bewusst und führen ihren Plan aus, um uns zu helfen. Wir nehmen sie nicht wahr. Wir tragen nur sehr wenig zu dieser Beziehung bei. Es gibt sogar zahllose Menschen, die ihre Wirklichkeit als Schwindel abtun.

Wenn wir uns also tatsächlich die Mühe machen, mit ihnen zu sprechen, erbauen wir wesentliche Brücken zwischen den Lebensströmen.

Es ist allerdings wichtig zu erkennen, dass es sich nicht um Tagträumerei handelt, wenn wir zu ihnen Verbindung aufnehmen. Wir müssen einen gewissen Grad an Energie in diese Beziehung einbringen. Dies ist für die romantischen Mystiker immer ein Problem gewesen, da sie es vorgezogen haben, im Reich der Vorstellung zu weilen und die physische Welt zu meiden.

Ein wenig erdgebundene Aktivität ist notwendig; sie kann physischer, emotionaler oder mentaler Natur sein. Es besteht ein großer Unterschied zwischen passiver Tagträumerei und tatsächlich sich bewegender Energie. Sobald Energie bewegt wird, beginnt die wirkliche Beziehung, und es wird eine echte Verknüpfung zwischen den Welten geschaffen. Ich glaube, es liegt an dieser Überbrückung, dass viele von uns, die mit den Engeln arbeiten, ein Empfinden der Anerkennung und Dankbarkeit ihrerseits wahrgenommen haben.

Etwas tun

Werde in deiner eigenen Weise still und ruhig.

Lasse einen Deva, zu dem du eine Verbindung spürst, in dein Bewusstsein eintreten. Denke eine Weile über diesen Geist nach.

Bedenke, dass es nur ein Tagtraum sein könnte.

Beginne nun, an diesen Deva mit lebhaften Gedanken der Liebe zu denken. Sende ihm warme Gefühle.

Kehre nun zu deinem passiven, kontemplativen Zustand zurück.

Achte auf den Unterschied zwischen Kontemplation und der aktiven Bewegung von Energie.

Sinne darüber nach, wie sich deine Beziehung zu dem Geist anfühlt, nachdem du etwas Energie in sie hineingegeben hast.

Diese Übung ähnelt dem oben beschriebenen Vorgang, doch anstatt Liebe auszusenden, gehe in folgender Weise vor.

Werde still und lasse einen Deva in dein Bewusstsein eintreten. Ziehe seine Aufmerksamkeit an, indem du sprichst: „Betrachte dies."

Konzentriere deine Mentalenergie, indem du dir einen funkelnden goldenen Stern vorstellst. Führe dir vor Augen, dass dieser Stern etwas von deiner Energie enthält und nun als eigenständige Form dahin schwebt.

Dann lasse den Geist folgendes wissen: „Schau, ich habe diesen Stern geschaffen als Geste der Verbundenheit mit dir. Ich weiß, dass du wirklich da bist. Ich träume nicht mit offenen Augen. Ich schätze diese Verbindung."

Entspanne dich vollkommen. Werde ruhig, passiv und sinne nach. Achte auf die Antwort, die du fühlst. Öffne dich für jeden Eindruck.

Langsam beende die Übung. Bedanke dich.

Die Einladung zur Kontaktaufnahme

Wie wichtig es sein kann, Energie tatsächlich zu bewegen, zeigt sich besonders, wenn du ein Geistwesen in dein Leben einlädst.

In Kapitel sieben wurde erklärt, dass eine angemessene Einladung erfolgen muss, um eine echte Verbindung zu dem Wesen aufzubauen. Ob du einen Engel des Heims, einen Naturgeist oder eine Muse herbeirufst, in jedem Falle musst du dich einschwingen und eine Einladung aussprechen. Es gibt verschiedene Möglichkeiten, die überall auf der Welt angewendet werden:

- Eine Flamme entzünden
- Eine Opfergabe darbringen
- Eine symbolische Geste
- Einen Klang hervorrufen
- Die Einladung mit Worten oder telepathisch aussprechen

Finde heraus, welche Art für dich und die Geister, mit denen du zusammenarbeiten möchtest, die Beste ist. Die folgende Übung wird dir dabei helfen.

Welche Art der Einladung?

Gehe in die innere Stille und werde ruhig. Sinne darüber nach, Geistwesen einzuladen, die mit dir Verbindung aufnehmen.

Wenn du bereit bist, siehe dich zu diesem Zwecke eine Kerze anzünden. Welches Empfinden hast du dabei? Welche Eindrücke gewinnst du?

Gehe einen Schritt weiter und stelle dir vor, den Geistern eine Opfergabe darzubringen. Wie fühlt es sich an? Welche Eindrücke nimmst du auf?

Welche Opfergabe wäre angebracht? In einigen Ländern werden Getreide oder Speisen geopfert, in anderen Früchte, Blumen, Kristalle oder Geld.

Erspüre, ob du einen Ort schaffen sollst, an dem du deine Opfergabe darbringst. Vielleicht ist es ein Altar. Spiele gedanklich mit den verschiedenen Möglichkeiten. Nachforschungen über Kraftplätze und heilige Orte können dir dabei behilflich sein.

Wenn du bereit bist, wiederhole den gleichen Vorgang, um eine symbolische Geste auszuführen.

Es gibt gewisse Hand- und Körperbewegungen, die oft geeignet zu sein scheinen, mit den Geistern Verbindung aufzunehmen. Sich niederzuknien und vor der Erde zu verbeugen, ist wohl die bekannteste Geste; oder man erhebt die Arme, um den Himmel anzurufen. Vielleicht streckt man auch die nach oben geöffneten Handflächen aus, als wolle man etwas empfangen. In den meisten Religionen gibt es bestimmte heilige Symbole, die von ihren Priestern mit der Hand oder mit dem Stab in die Luft geschrieben werden. Der Tanz oder heilige Gesten (Mudras), wie beim Yoga oder im Tai Chi, erfüllen den gleichen Zweck.

Lasse dich von deinem instinktiven Empfinden leiten, eine bestimmte Haltung einzunehmen oder eine bestimmte Bewegung auszuüben. Siehst du dich eine gewisse Körpersprache oder Gebärde ausführen? Sagt sie dir zu?

Dann gehe eine Stufe weiter und lasse Töne erklingen. In vielen Kulturkreisen wird eine Verbindung zu den Geistern über den Klang hergestellt, sei es mit Klappern, Trommeln, einem Gesang oder einem lang anhaltenden Ton. Es kann auch ein Kirchengesang oder eine Hymne sein. Es kann die tiefe, widerhallende Schwingung eines Didgeridoo oder eines tibetischen Horns sein. Es kann eine Glocke oder eine Zimbel sein.

Spricht dich diese Art an? Beachte deine Eindrücke.

Bringe erneut die Einladung in Worten oder klaren Gedanken zum Ausdruck.

Du kannst jeden Abschnitt im Laufe einer langen Übung durchführen oder sie einzeln zu verschiedenen Zeiten betrachten. Wenn du alle Versionen überdacht hast, achte darauf, ob eine Art dabei ist, die dich besonders anspricht.

Vielleicht möchtest du die einzelnen Formen ausprobieren.

Eine Flamme entzünden

Werde still und konzentriere dich auf den Deva, mit dem du zusammenarbeiten möchtest. Zünde langsam und sehr bewusst eine Kerze an, um ihn zu ehren. Lasse ihn in deiner Weise wissen, dass du die Kerze ihm zu Ehren anzündest und sprich deine Einladung aus.

Denke darüber nach, wie es sich anfühlt. Achte auf die Eindrücke.

Eine Opfergabe darbringen

Bereite deine Opfergabe vor. Vielleicht hast du eine Art Altar errichtet.

Gehe in die Stille und schwinge dich auf ein Geistwesen ein, das du einladen möchtest. Lasse dein Bewusstsein sich mit diesem Geistwesen verbinden. Grüße es dann in deiner eigenen Weise und bedeute ihm, dass dein Opfer für ihn bestimmt ist.

Bleibe ruhig und sehr konzentriert. Bringe die Gabe dar.

Wenn du im Freien bist, kannst du sie auch verstreuen.

Halte inne und sinne über die Antwort des Geistes nach. Achte auf deine Eindrücke.

Eine symbolische Gebärde

Werde ruhig und beginne, über das Geistwesen nachzudenken, mit dem du gemeinsam wirken möchtest. Sobald du bereit bist, führe eine Bewegung aus oder mache eine Gebärde, die dir angebracht zu sein scheint. Bleibe dabei ruhig und achtsam. Vermittle dem Wesen, dass du die Geste ihm zu Ehren machst.

Entspanne dich nun und sinne darüber nach, wie es sich anfühlt.

Einen Ton hervorbringen

Werde ruhig und lenke deine Aufmerksamkeit dem Geistwesen zu. Bleibe ruhig, lasse Töne erklingen und bedeute dem Geistwesen, dass es ihm zu Ehren geschieht. Sobald du es zeitlich für richtig hältst, beende den Vorgang und sinne darüber nach, wie sich das Ganze anfühlt.

Die wesentliche Richtlinie bei allen diesen Übungen ist, das zu erkennen, was du als echt empfindest. Arbeite mit dem, was dir angemessen erscheint und sich wirklich anfühlt. Solltest du zweifeln, werde einfach.

Tanz der Inspiration

Der Beweis für eine tatsächliche Beziehung zu einem Deva zeigt sich darin, dass man in einer Weise handelt, die den Einfluss dieser Beziehung sichtbar macht. Wenn diese Verbindung keine Wirkung auf dich ausübt, bleibt sie bedeutungslos. Doch die Inspiration, sich anders zu verhalten, ist nicht unbedingt ein logischer Vorgang. Das Ergebnis muss nicht unbedingt Weisheit sein – es kann ganz einfach Verspieltheit sein.

Viele Menschen erleben bei ihren Spaziergängen durch die Wälder oder Landschaften die Naturgeister. Sie nehmen einen Lichtstrahl wahr, hören einen seltsamen Ton oder fühlen plötzlich etwas Seltsames und Magisches. Wenn sie diese Verbindung spüren, mögen sie innerlich fühlen, mehr zu tun, als nur spazierenzugehen oder dazusitzen. Vielleicht drängt es sie, einen Stein ins Wasser zu werfen, einen Baum zu küssen oder zu hüpfen, sich zu drehen oder zu tanzen. Die meisten Leute widersetzen sich einem solchen Benehmen, weil sie es nicht für ernsthaft erachten oder Angst haben, kindisch zu wirken. Du aber solltest dich nicht beirren lassen und tun, wonach dir zumute ist. Dieses Verhalten spiegelt das Harmonische der Naturgeister wieder und vertieft die Beziehung.

Im Wald spielen

Gehe in die Landschaft hinaus, die du liebst, und werde innerlich ganz still.

Begrüße die Naturgeister dieses Gebiets und öffne dein Energiefeld, um dich enger mit ihnen zu verbinden. Wenn du es als richtig empfindest, bringe ihnen eine Gabe dar oder lasse sie auf andere Weise wissen, dass du Kontakt zu ihnen aufnehmen möchtest.

Bleibe ruhig und konzentriert und spüre, wie sich die Geistwesen in deinem Energiefeld anfühlen. Stelle dir vor, wie du dich in ihrem Energiefeld anfühlst.

Lasse deine geistige Vorstellungskraft ihre Energie spielerisch erfassen und interpretieren. Wenn du ganz spontan etwas unternehmen würdest, was könnte es sein?

Tue, was dir intuitiv einfällt.

Bleibe ruhig und konzentriert, aber handele.

Dann kehre zur physischen Ruhe zurück. Wie fühlt sich jetzt alles an?

Schließlich bedanke dich.

Diese Freiheit, als Reaktion auf die Naturgeister zu tanzen, sich zu drehen oder Steine ins Wasser zu werfen, lässt sich mit der künstlerischen Inspiration vergleichen, die von einer Muse herrühren kann. Du vermagst nicht vollkommen inspiriert zu werden, wenn du hölzern oder zu ernsthaft bist. Du musst der Lebenskraft Raum geben, dich in neuen Wegen zu durchfluten.

Eine Muse herbeirufen

Komme in einer Weise zur Ruhe, die sich für dich am besten eignet und erwäge dann die Arbeit, die du verrichten willst. Bedenke das Ergebnis der Arbeit selbst, die Zeit und die Energie, die du aufbringen musst.

Beginne, dir eine Wesenheit vorzustellen, die den gesamten schöpferischen Prozess in seiner Vollkommenheit erfasst und genau weiß, wie sie dir am besten helfen kann.

Bringe deine Verbindung zu dieser Wesenheit, dieser Muse, durch eine Gebärde zum Ausdruck und anerkenne dankbar ihre Anwesenheit. Bitte um ihre Hilfe und ihre ständige Begleitung bei deiner Arbeit.

Verhalte dich noch eine Weile ganz ruhig. Kommen dir anregende Bilder oder Gedanken in den Sinn? Vor allem aber spüre, ob sich deine Einstellung und deine Stimmung bezüglich deiner Arbeit ändern.

Sprich deiner Muse noch einmal deinen Dank aus.

Löse dich allmählich aus der Einstimmung und beginne zu arbeiten.

In einer ähnlichen Übung magst du dich aufgefordert fühlen, dich in einer dir völlig fremden, schwierigen und herausfordernden Weise zu verhalten. Vielleicht wird man von dir erwarten, deine emotionale Anteilnahme zu ändern oder einige Vorurteile abzubauen.

Du darfst nicht deine Freiheit sabotieren, um in etwas Neues einzutreten, weil du in alten Mustern festgefahren bist oder dein Verstand dir sagt, es sei ja doch alles nur Einbildung. Wie du im Endeffekt handelst, ist deine Sache, aber bedenke, dass du dich instinktiv zu einer Veränderung und etwas Neuem hingezogen fühltest.

Kreativität bedeutet, dass die Dinge neu und in neuer Weise geschaffen werden. Dies kann plötzlich und dramatisch geschehen oder langsam und über einen längeren Zeitraum hinweg ablaufen. Denke an den unerwarteten Kuss, den einzelnen Bogenstrich, die Prise Pfeffer, das heilende Wort oder die heilende Berührung. Andererseits aber bedenke den Bau einer Kathedrale, einer Stadt, dein Lebenswerk oder die Schaffung einer tiefen, aufrichtigen Beziehung.

Eine Schriftstellerin, die an einer Terminsache arbeitete, musste die typische Blockade eines Schriftstellers erleben und vermochte den nächsten Schritt in ihrer Geschichte nicht auszuarbeiten. Sie führte die Übung durch und rief ganz bewusst eine Muse herbei, sie von ihrer Sperre zu befreien. Still stellte sie sich ihre Anwesenheit und die Klarheit vor, die sie ihr für das nächste Geschehen in ihrer Erzählung vermitteln würde. Sie bat um schöpferische Führung.

In der Stille dieser Verbindung spürte sie zu ihrer großen Überraschung eine eindeutige Botschaft.

Der Engel half ihr nicht bei dem Text selbst, sondern gab ihr die Anweisung, regelmäßige, tiefe Atemzüge im untersten Magenbereich auszuführen. Der Hinweis enttäuschte sie, doch sie befolgte ihn.

Um es nicht zu vergessen, stellte sie ihren Wecker, der stündlich klingelte. Sie atmete tief ein und begann zu schreiben. Die Blockade löste sich. Bei jedem Klingelton atmete sie tief ein. Danach schrieb sie vollkommen mühelos an ihrem Buch.

Einen solchen Rat hatte sie nicht gesucht, doch er stellte eine wesentliche Hilfe dar.

Erde, Wasser, Luft und Feuer

Viele Religionen und Stammeskulturen erkennen die Hauptelemente an. Sie werden oft an die vier Ecken eines gleicharmigen Kreuzes oder eines Kreises gelegt, um die vier Himmelsrichtungen anzuzeigen. Viele Lieder und Gesänge sprechen davon.

Erde, mein Körper,
Wasser, mein Blut,
Luft, mein Atem,
Und Feuer, mein Geist!

Jedes Element besitzt seine Elementale. Einige Mysterienschulen heben die Einstimmung auf diese Elementale besonders hervor, und bei gewissen

Einweihungsriten wird der Kandidat erst dann voll in der Gruppe aufgenommen, wenn er in dieses Wissen eingeführt worden ist.

Die folgende Übung soll nur gelegentlich und in sehr einfacher Weise vollzogen werden. Dazu gehören verschiedene Gegenstände:

- Für die Erde eine Schale mit Erdreich, Salz oder Sand; ein Kristall oder ein Felsbrocken. Wenn du dich auf die Erd-Elementale einschwingst, halte etwas in Händen, das die Erde symbolisiert und dir hilft, die Verbindung herzustellen.
- Für das Wasser einen Krug oder ein Glas mit Wasser. Gieße das Wasser aus, um den Klang sich bewegenden Wassers zu erhalten.
- Für die Luft einen Fächer oder eine Feder. Bewege sie vor dir durch die Luft. Du kannst auch Räucherstäbchen benutzen. Der aufsteigende Rauch versinnbildlicht die Luft.
- Für das Feuer eine Kerze oder eine Öllampe, die du anbrennst.

Wenn dir diese Utensilien nicht zusagen, stimme dich nur still ein und stelle eine Verbindung her.

Erde, Wasser, Luft und Feuer

Bereite als erstes alles vor. Suche dir dann einen Raum, in dem du die Dinge zu deiner Zufriedenheit anordnest.

Bitte deine Familie, dich für zwanzig Minuten allein zu lassen, obwohl einige Kinder diese Art lieben. Ich denke, du solltest entspannt genug sein, ein eintretendes Kind freundlich und geduldig wieder nach draußen zu schicken. Sobald du bereit bist, gehe in die Stille. Werde ruhig und achte darauf, wie wohl sich dein Körper fühlt. Du bist entspannt und in deiner Mitte ruhend. Sinne eine Weile über deinen nächsten Schritt nach.

Sei dir darüber im Klaren, dass er deinem Wachstum dient und du dadurch stärker im Einklang mit deiner Umwelt schwingst.

Erde. Wenn du bereit bist, nimm das Symbol für die Erde in deine Hand – Felsbrocken, Kristall, Erdreich, Salz oder Sand – und erspüre, wie es sich anfühlt. Werde dir der Erd-Elementale bewusst. Grüße sie liebevoll und bitte sie, näher zu treten. Vielleicht möchtest du ein wenig Erde auf den Fußboden streuen.

Sei ganz still und entwickle ein Gefühl für diese Elementale. Achte auf deine Empfindungen und die Eindrücke, die du erhältst. Bedanke dich.

Wasser. Gehe dann zum nächsten Element über. Lege die Erde zurück, nimm das Wasser in die Hand und sinne darüber nach. Nimm die Wasser-Elementale in dein Bewusstsein auf. Gieße langsam etwas von dem Wasser aus. Begrüße die Wasser-Elementale freundlich und bitte sie, näher zu kommen.

Erspüre sie. Achte auf deine Empfindungen und die Eindrücke. Bedanke dich.

Luft. Gehe zum nächsten Element über. Stelle das Wasser zurück und nimm den Fächer oder die Feder auf. Sinne darüber nach. Nimm die Luft-Elementale in dein Bewusstsein auf. Bewege den Fächer oder die Feder, um einen leichten Wind zu erzeugen. Grüße die Luft-Elementale und bitte sie, näher zu treten. Erspüre sie. Achte auf deine Empfindungen und deine Eindrücke. Bedanke dich.

Feuer. Lege den Fächer oder die Feder wieder zurück und nimm die Kerze oder die Öllampe in die Hand. Sinne darüber nach. Nimm die Feuer-Elementale in dein Bewusstsein auf. Entzünde die Flamme. Grüße die Feuer-Elementale und bitte sie, näher zu kommen. Erspüre still diese Elementale. Achte auf das, was du dabei empfindest und welche Eindrücke sich einstellen. Bedanke dich.

Sitze einc Weile still da und sei dir aller vier Elemente bewusst. Siehe sie im Kreis um dich herum stehen, jedes in eine der vier Himmelsrichtungen – Norden, Süden, Osten und Westen – weisend. (Vielleicht möchtest du jedes an einer bestimmten Stelle stehen haben. Die Anordnung variiert in den einzelnen Überlieferungen.)

Erfasse die Atmosphäre. Schließe mit einem Dank und entlasse die Elementale. Beende die Übung.

Landschaftsgeister

Jede Landschaft besitzt ihre eigenen Naturgeister, und erfahrene Reisende und Pilger pflegen zu ihnen Verbindung aufzunehmen. Wenn sie zu einem neuen Ort kommen, bringen sie gewöhnlich den dort heimischen Naturgeistern eine Gabe dar. Mancherorts ist es Brauch, Getreide oder irgendwelche anderen Nahrungsmittel zu opfern oder Kräuter auszustreuen. Es ist ein Zeichen der Ehrerbietung und der Verbundenheit. Auf ihrer Pilgerreise zu heiligen Stätten, wie etwa dem Mount Kailash in Tibet, bleiben die Menschen stehen und küssen alle zehn Schritte die Erde, um ihre Hochachtung zum Ausdruck zu bringen.

Dabei handelt es sich aber nicht nur um Höflichkeit. Eine Beziehung zu einem Deva der Landschaft einzugehen heißt, deinem eigenen Energiefeld die Möglichkeit zu bieten, die örtlichen Muster zu spüren und in dich aufzunehmen. In unbekannten Gegenden kann das eine entscheidende Rolle spielen, vor allem bei schlechtem Wetter. Es gibt zahlreiche Geschichten über grimmige Berge, die Besucher mit stürmischem Wetter vertreiben, diejenigen aber willkommen heißen und sich mit ihnen anfreunden, die innehalten, um eine Gabe darzubringen und mit den Geistern des Ortes eine Beziehung aufzubauen. Erfahrene Eingeborene würden eher umkehren, als die Naturgeister einer Gegend zu ignorieren.

Der Mount Shasta in Nordkalifornien ist dafür berüchtigt, Wanderer und Kletterer abzuweisen, die ihm und seinen Naturgeistern nicht mit Ehrfurcht begegnen und Gaben darbringen. Immer wieder werden respektlose Besucher mit für die Jahreszeit ungewöhnlichen Winden, Regenschauern und Schneestürmen empfangen, so dass sie umkehren müssen, was gelegentlich einen tödlichen Ausgang nimmt. In England kletterte ein überheblicher spiritueller Lehrer zum Glastonbury Tor hinauf, um der Welt vom Gipfel aus einen besonderen Segen zu erteilen. Als er sich der Bergspitze näherte, warf ihn ein plötzlicher Windstoß um, und er brach sich ein Bein.

Sich mit dem jeweiligen Geist zu verbinden und sich dann seiner Führung anzuvertrauen, ist eine wunderbare Art, den Landstrich zu erkunden. In einem fremden Land vermittelt eine solche Verbindung auch das Gefühl von Kameradschaft.

Der Brauch, Gaben darzubringen, hat sich in viele Städte fortgepflanzt, wo Menschen immer noch Münzen in Brunnen und Quellen werfen, um ihren Gruß an die Wassergeister zu entrichten. Eine Verbindung zu dem Geist des Ortes bringt Glück.

Dem Geist der Landschaft eine Opfergabe darbringen

Wenn du zu einem neuen Ort kommst oder eine Gegend aufsuchst, die dich besonders interessiert, halte einen Augenblick inne, bevor du ganz hineingehst. Werde innerlich still und lasse dein Bewusstsein zu den Geistern des Ortes wandern. Achte auf eventuelle Eindrücke, die du aufnimmst.

Grüße die Geister höflich und mit einem Empfinden der Dankbarkeit. Bringe deine Absicht laut oder in Gedanken zum Ausdruck, dass du ihren Bereich betreten wirst und hoffst, dies möge mit ihrem Einverständnis geschehen. Bringe ihnen still und mit aufrichtigem Herzen als Zeichen deiner Anerkennung eine Opfergabe dar. Sinne über die Landschaft nach und erspüre Gedanken oder Empfindungen. Wenn du keine eindeutige Ablehnung fühlst, gehe dann weiter. Sprich deinen Dank aus.

Naturgeister, Elfen und Baumengel

Wir wollen direkt mit der Übung beginnen. Führe diese Übung zu Hause oder im Freien aus. Sitze ruhig da und gehe in die innere Stille. Sei dir der lebendigen, sich durch deinen Körper bewegenden Energie bewusst.

Erweitere allmählich dein Bewusstsein und schließe einen Grashalm mit ein. Seine Struktur bildet sich aus Atomen, Molekülen und sprühender Deva-

Essenz. Der Halm als Ganzes wird von seinem eigenen winzigen Gras-Elemental begleitet. Lächele es an. Grüße es. Achte auf deine Gefühle und Eindrücke.

Gehe einen Schritt weiter und sei dir eines Grasbüschels bewusst. Er ist ein kleines Meer grünen Lebens, das mit winzigem Deva-Leben tanzt. Grüße es. Achte darauf, wie du dich fühlst und welche Eindrücke du gewinnst.

Werde dir nun der Blumen und kleineren Pflanzen bewusst. Nimm ihre Elfen und kleinen Naturgeister in dein Bewusstsein auf. Grüße sie. Sei dankbar für ihre Anwesenheit. Bleibe ruhig und lasse die Eindrücke auf dich zukommen.

Wende dich nun größeren Pflanzen zu und gehe in der gleichen Weise vor.

Sinne über die gesamte Erfahrung nach. Empfindest du irgendwelche Möglichkeiten, die Verbindung zu festigen? Solltest du eine Opfergabe darbringen oder in irgendeiner Weise mit Pflanzen arbeiten? Wenn du es erkennst, verpflichte dich, dementsprechend zu handeln.

Danke und beende die Übung.

Die Landschaft im Allgemeinen

Sich der engeren Umgebung, ihrer Naturgeister und Engel bewusst zu sein, wirkt sich offensichtlich lebensfördernd aus. Ich ermutige Freunde und Schüler, sich eine Landkarte der Landschaft zu besorgen, in der sie leben und arbeiten. Solltest du in einem bebauten Gebiet wohnen, besorge dir eine Karte der Gegend, wie sie vorher gewesen ist.

Wenn du diese Karten betrachtest, vermagst du die wirklichen Umrisse der Landschaft zu erfassen. Achte auf die Stellen, an denen es Quellen gibt oder gegeben hat und an denen sich Hügel oder Abhänge befinden. Sei dir all der Naturgeister bewusst, die deine Gegend bewohnen.

Bevor jemand in die Landschaft eingriff, neue Gebäude errichtete und Gärten anlegte, lebte er in Einklang mit der ursprünglichen Landschaft, ihren Pflanzen, Tieren und Geistern. Man weiß, dass selbst in den wunderschönsten Gartenanlagen die Naturgeister immer noch ein kleines wildes Areal lieben. Der slowenische Bildhauer Marko Pogacnik meinte: „Wenn die Felder ihre Fruchtbarkeit bewahren sollen, müssen sie ihre wilden Hecken behalten. Ohne diese Hecken gibt es keinen Lebensraum für die Gnome und Elementale, die das Wachstum leiten, um in der Gegend Fuß zu fassen. Das Getreide wird wachsen, aber es wird ihm an wirklicher Lebenskraft fehlen."

Es gibt Garten- und Gartenbauschulen, die bewusst machen, wie notwendig die Naturgeister sind. Die Findhorn Foundation hat eine Wiedergeburt dieses Bewusstseins in Europa und den Vereinigten Staaten in die Wege geleitet. Im Wesentlichen wird dabei die Erde als ein lebendiges Wesen anerkannt. Naturgeister aller Art – Pan, Pflanzengeister, Gnome und Wettergeister – sind für ihre Arbeit von Bedeutung. Sie erkennen auch an, wie wichtig die wesentlichen Naturzyklen sind – der Rhythmus der Jahreszeiten und der Mondphasen. Allen diesen Aspekten tragen sie bei der Planung und Durchführung ihrer Landwirtschaft Rechnung. Es erübrigt sich zu erwähnen, dass es sich um einen rein organischen Prozess handelt, bei dem kein künstlicher Dünger verwendet wird und die geernteten Früchte Lebensenergie und Gesundheit ausstrahlen. Auch die Blumen sind überwältigend. Wenn ich mich an diesen Orten aufhalte, spüre ich das Wohlwollen der Landschaft.

Zusammenarbeit mit den Geistern der Landschaft

Diese Übung geht davon aus, dass du etwas baust oder irgendwelche Veränderungen im Garten oder in der Landschaft vornimmst. Beschäftige dich zunächst mit ganzheitlichen Plänen der Gartengestaltung, des Hausbaus oder der Stadtplanung. Erwäge die einzelnen Möglichkeiten.

Wenn du bereit bist, werde innerlich still. Denke ruhig über die vor dir liegende Arbeit nach. Lasse dir genügend Zeit dafür. Lasse dir das gewünschte Ergebnis durch den Kopf gehen.

Werde dir der Landschaft bewusst, in der die Arbeit vorgenommen werden soll. Erspüre sie ein Weile. Betrachte die Umrisse des Landes. Denke über die Bodenbeschaffenheit und das darunter liegende Felsgestein oder den Lehm nach. Sei dir des Pflanzen- und Tierlebens bewusst.

Nimm nach und nach die Geister dieser gesamten Gemeinschaft in dein Bewusstsein auf. Grüße sie warm und dankbaren Herzens und erkenne ihre Anwesenheit an. Verweile ein wenig, nur um sie zu spüren. Achte darauf, ob du ihnen gegenüber eine bestimmte Gebärde ausführen sollst. Wenn du es für angebracht hältst, tue dies. Sinne über ihr Leben nach und werde ihr Gefährte.

Führe diese Übung mehrmals durch, bis du dich in diesem Umfeld mit seinen Wesenheiten wohl fühlst. Gehe erst dann zum nächsten Schritt über, wenn du spürst, dass du Kontakt mit ihnen geknüpft hast.

Schwinge dich ein und sinne nach. Sobald du eine Kontaktaufnahme spürst, teile den Geistern laut oder in Gedanken mit, dass du beabsichtigst, in ihrem Lebensraum zu bauen oder zu gärtnern. Entschuldige dich für die Störung und lasse sie wissen, dass du für ihre Ratschläge offen bist.

Sitze still da und achte auf deine Empfindungen und Eindrücke. Normalerweise wirst du ihre große Bereitschaft zur Zusammenarbeit spüren. In bestimmten Bereichen wirst du auch von seiten der Gnome besonderer Bäume auf Widerstand stoßen. Du musst einen Weg wohlwollender Übereinstimmung finden.

Führe diese Übung mehrere Male aus und achte genau auf die Eindrükke, die du aufnimmst.

Wenn einige Naturgeister großen Widerstand zeigen, du aber trotzdem dein Vorhaben durchführen musst, solltest du einen größeren Geist anrufen.

Wiederhole die zuvor aufgeführten Abläufe und werde dir der sich widersetzenden Geister bewusst. Entschuldige dich bei ihnen. Dann denke darüber nach, dass es einen „Engel der Landschaft“ gibt, einen „Pan der Heilung“, der den beunruhigten Geistern hilft. Nimm Verbindung zu diesem Heilengel auf, rufe ihn herbei und erkenne dankbar seine Gegenwart an. Lasse diesen Engel genau wissen, weshalb der sich weigernde Geist so besorgt ist. Entschuldige dich und bitte den Engel, dem beunruhigten Geist zu helfen, weiterzuziehen. Er ist magnetisch an seinen Platz gebunden und hat Schwierigkeiten, sich von ihm zu lösen, bis sein Bauplan erfüllt ist.

Sei dir des Engels bewusst, der dem geringeren Geist hilft und ihn heilt. Sei sehr dankbar. Nachdem du die Situation überdacht hast, möchtest du deiner Dankbarkeit vielleicht durch eine Geste Ausdruck verleihen.

Wenn du auf einen Landstrich triffst, in den ungeschickt und qualvoll eingedrungen worden ist, möchtest du vielleicht etwas unternehmen, das heilend und wiederherstellend wirkt.

Eine Landschaft heilen

Werde still und beginne, über die verletzte Landschaft und ihre beunruhigten Naturgeister nachzudenken. Nimm sie voller Mitgefühl und Sympathie in dein Bewusstsein auf. Entschuldige dich für die Menschheit. Lasse sie deine Liebe und deine Trauer spüren.

Sinne über einen „Heilengel der Landschaft" nach. Schwinge dich auf diesen Engel ein, lade ihn ein und erkenne dankbar seine Gegenwart an. Bitte ihn, die Landschaft zu überstrahlen und ihr zu helfen.

Lasse dich eine Weile nieder und werde eins mit der Landschaft, den Geistern und dem Engel. Denke über Möglichkeiten der Heilung nach. Achte genau auf Eindrücke und Gedanken. Vielleicht sollst du etwas in eine ganz bestimmte Ecke pflanzen, ein Kunstwerk für diesen Ort gestalten, eine Zeremonie durchführen, regelmäßig dort meditieren oder Heilenergien für diesen Ort durch dich hindurch fließen lassen.

Du wirst diese Übung wahrscheinlich mehrmals durchführen müssen, um einen klaren Eindruck zu gewinnen, was unternommen werden sollte. Dann handele. Entschuldige und bedanke dich.

8
Heilung

In diesem Kapitel wird ein praktischer Weg angesprochen, um aufgrund der Verbindung zu den Devas dich selbst und andere Menschen zu heilen. Die bewusste Zusammenarbeit mit den Heilengeln und den Körperelementalen ist sehr wirkungsvoll.

Deine Seele als Engel

Bevor wir näher auf die Heilgeister eingehen, ist es wichtig, einige Merkmale der menschlichen Seele zu verstehen. Ohne diese Einsicht macht die Arbeit der Heilengel keinen Sinn.

Du bist mehr als nur dein alltägliches Selbst und deine Persönlichkeit. Du besitzt natürlich eine vielschichtige und sehr reiche Persönlichkeit, aber du bist auch noch etwas anderes. Tief in deinem Innern, jeden Teil deines Seins durchdringend und oft in der Stille erfahren, liegt das, was du wirklich bist – der Kern, die Seele, die Essenz.

Dein eigentliches Selbst, deine Seele, gleicht einem Engel. Es trägt den Hauptbauplan dessen, was du wirklich bist, das Muster für deine Vollkommenheit. Deine Seele trägt die Merkmale, Klänge und Farben für ein vollkommenes Leben, und das ist in der Tat engelhaft.

Die Beziehung zwischen Seele und Gesundheit

Dieser Gedanke steht in unmittelbarem Zusammenhang zu Krankheit und Heilung, denn wahre Gesundheit besteht aus einer energetischen Harmonie zwischen dem Bauplan deiner Seele und der Art und Weise, in der du dein tägliches Leben lebst und es zum Ausdruck bringst. Deine Herausforderung als Mensch inmitten eines anregenden Lebens besteht darin, den Bauplan deiner Seele in deine Alltagserfahrungen einfließen zu lassen. Aber da sich das psychische und soziale Leben eines Menschen vielschichtig gestaltet, bereitet dies Schwierigkeiten. Wir alle verhalten uns in einer Weise, die den seelischen Plan ignoriert.

Dieser Konflikt verursacht Spannungen, Ärger und schließlich Krankheit. Energie, Emotionen, Gefühle und Gedanken fließen nicht mehr in gesunder Weise. Verklumpung, Trägheit und Widerstand beginnen, sich in deinem Energiekörper und in deiner Psyche aufzubauen.

Wenn sich in deinem Körper irgendeine Krankheit offenbart, ist das System in einen funktionsuntüchtigen Zustand geraten. Seine Energie fließt nicht mehr mühelos und gesund. Sie beginnt, sich zusammenzuziehen und in bösartiger und ungesunder Weise zu verformen. Das kann überall im Körper geschehen, angefangen von der winzigsten Zelle bis zur gesamten psychologischen Persönlichkeit.

Die eigentliche Krankheit kann als Tragödie oder als Segen betrachtet werden. Tragisch ist es, wenn du nicht verstehst, was vor sich geht und dich als Opfer fühlst. Sie ist jedoch ein Segen, wenn dir klar wird, dass die Krankheit als Zeichen oder Lektion dient, dein Leben in größere Harmonie mit deiner Seele zu bringen.

Der liebenswürdige und kluge Psychiater Charles, der in seinem inneren Wesen eindeutig das Ideal des Dienstes am Nächsten durch Freundlichkeit, Intelligenz und Verständnis trug, war zu Hause ungeduldig, und sein soziales Verhalten zeigte sich egozentrisch und aggressiv.

Diese psychische Dynamik rief eine innere Spannung hervor, die sich schließlich als Darmkrebs niederschlug. Im Laufe seiner langsamen Genesung nach der Operation wurde er sanfter, gedankenvoller und freundlicher. Während dieser Phase stand seine Alltagspersönlichkeit im Einklang mit seinem Seelenmuster, und sein Krebs wuchs nicht. Doch als er seine Lebenskraft wiedergewann, glitt er in die alten Wege zurück. Empört über seine Krankheit, überfielen ihn Selbstmitleid und die früheren Aggressionen. Erneut kam es zu einem Missklang zwischen Seele und Form. Und wieder begann der Krebs zu wachsen. Dreimal wiederholte er dieses Muster, ohne seine Lektion dabei zu lernen. Um geheilt zu werden, hätte er den Seelenkräften folgen müssen.

In einem völlig anderen Fall zeigten sich die inneren Muster von Louise als nach außen gehend, positiv und in einer Führungsrolle stehend. Sie war auch eine sehr einfühlsame Heilerin. Aufgrund ihrer psychischen Unsicherheit war es ihr aber nicht möglich, sich vollkommen zum Ausdruck zu bringen und sie hielt sich beherrscht im Zaum. Diese Spannung zwischen ihren Seelenkräften und ihrer täglichen Ausdrucksweise begann, den Fluss ihres Energiesystems zu hemmen. Sie verlor ihre Spannkraft und erschöpfte sich. Gleichzeitig staute sich die Mentalenergie im Bereich ihres Gehirns und erzeugte psychische Unruhe. Nach vier ernstlichen Krisenjahren erkannte sie, dass sie eine „großartige" Frau war und akzeptierte es auch. Ein gesunder Heilungsprozess setzte ein.

Gruppen-Karma und Unfälle

Die hier beschriebenen Krankheiten sind das Ergebnis innerer Spannung. Aber trotz der Überzeugung einiger New Age-Kreise werden nicht alle Krankheiten in dieser Weise hervorgerufen. Es ist ein gefährlicher Irrtum anzunehmen, dass die Menschen für alles, was ihnen widerfährt, verantwortlich sind und jede Krankheit eine verdiente Lektion darstellt. Dieser Vorstellung mangelt es an der Wertschätzung der größeren Zusammenhänge oder der wirklichen Wege dieser Welt. Wenn ein Kleinkind hinfällt und sich sein Knie aufschürft, kann man nicht nach einer inneren psychischen Spannung dafür suchen. Wir haben hier lediglich ein kleines Menschenwesen vor uns, das zu laufen und zu rennen lernt. Die Wunde muss ausgewaschen und verbunden werden, und das Kind benötigt Umarmung und Trost. Auch Erwachsene neigen zu Unfällen. Wir alle stolpern mit sechs Milliarden anderen Seelen auf diesem kleinen Planeten herum. In einer vielschichtigen Umwelt gibt es einfach Unfälle.

Es gibt auch zahlreiche Situationen, in denen Leute in einer Woge von Massenereignissen gefangen genommen werden. Epidemien, Völkermorde und Kriege sind Beispiele für große Gruppenereignisse, in denen sich Individuen ohne ihren eigenen Willen verfangen mögen. Psychisch und physisch labile Menschen sind in derartigen Situationen am gefährdetsten.

Ein großer Teil der heutigen Krebserkrankungen sind nicht auf innere Spannungen zurückzuführen, sondern auf das riesige und gedankenlose Anwachsen von Kunstdünger, chemischen Nahrungsmittelzusätzen und die zunehmende Luftverschmutzung sowie durch Strahlungen. Diejenigen mit der schwächsten Konstitution fallen diesen Dingen als erste zum Opfer. Auch Kinder, die an Hungersnot sterben, haben in ihrer Situation keine Wahl. Sie sind Opfer von Massenereignissen.

Die meisten empfindsamen Menschen werden dies einsehen, aber ich hebe es an dieser Stelle besonders deutlich hervor, weil der augenblickliche Trend dahin geht zu glauben, dass jeder seine eigene Wirklichkeit schafft und nichts dem Zufall überlassen bleibt. Diese Vorstellung trifft zum Teil zu, sollte aber nicht als universelle Interpretation gesehen werden. Ob es sich bei der Krankheit um eine persönliche Disharmonie oder um Unglück handelt, der Heilungsprozess ist immer derselbe: Liebe, Fürsorge, Mitgefühl und die Fähigkeit, die Heilenergie auf gesunde Weise in das System zurückfließen zu lassen.

Der ganzheitliche Ansatz

Die moderne westliche Medizin befürwortet gewöhnlich eine mechanische Antwort: bei Kopfschmerzen wird ein Schmerzmittel gegeben. Wenn dies manchmal auch angebracht ist, schließt es jedoch den inneren Zustand des Patienten aus und erfasst nicht das ganzheitliche Muster – persönliche Krankengeschichte, Physiologie, Familie, Emotionen, Geisteszustand, Persönlichkeitstyp und vieles mehr. Eine holistische Annäherung bedarf einer feinen Einstimmung, weshalb so viele Heiler, Therapeuten und Ausübende alternativer Medizin bewusst oder unbewusst mit Engeln zusammenarbeiten.

Was sind Heilengel?

Wir sprechen in diesem Falle von jenen Devas, deren Erfahrung aus einer sehr langen Beziehung zur Menschheit herrührt und die grundlegenden Muster menschlicher Entwicklung und menschlichen Wachstums kennen. Sie verstehen die Muster für einen gesunden Menschenkörper und wissen, in welcher Weise diese eng mit den emotionalen und mentalen Mustern verknüpft sind. Ihre eigene Geschichte begann als Elementalleben im menschlichen Energiefeld.

Aufgrund ihres wachen Bewusstseins für die Vollkommenheit des Lebens sind sie sich der menschlichen Seele voll bewusst. Sie erfassen die Dynamik der Beziehung zwischen Seele und Persönlichkeit und sehen, dass die meisten Krankheiten auf der Spannung zwischen den Persönlichkeitsmustern und dem Seelenplan beruhen. Das heißt, ein Heilengel ist sich der beiden Hauptaspekte einer Krankheit bewusst:

- Des eigentlichen Unruheherds und der Heilungsmöglichkeiten im physischen, energetischen und psychischen Körper.
- Der Dynamik der Körper-Seele-Verbindung.

Hast du bereits einen Heilengel?

Vielleicht fragst du dich, ob das Mitgefühl, die Sympathie und Liebe eines Heilers nicht genügen. Warum bedarf es eines Heilgeistes? Aus meiner Erfahrung weiß ich, dass ein Heiler mit solchen Eigenschaften immer von einem Heilengel begleitet wird. Wie könnte ein Heilengel widerstehen, mit einem solchen liebevollen Heiler zusammenzuarbeiten?

Ich habe eine Reihe von Therapeuten und Ärzten gekannt, die die Vorstellung von Devas und Engeln zurückweisen und trotzdem von Heilengeln begleitet werden. Es liegt eine Einfühlsamkeit, Klarheit und Sorgfalt in ihrer Arbeit, die die Aura und Atmosphäre von der Anwesenheit eines Heilengels trägt. Die meisten Psychiater, die der vorherrschenden Medizin angehören, verfügen oft über ein gutes intuitives Gespür dafür, wie die Sitzung ablaufen und zu Ende gehen wird. Mein eigener Psychoanalytiker, ein Atheist, war ein rauer Medizinmann, der die Leute mit seinem Intellekt erschreckte. Er war aber auch ein zutiefst mitfühlender, einfühlsamer Arzt, dessen Behandlungszimmer von einem warmen, mit Sicherheit engelgleichen Glanz umgeben war.

Die Heilengel suchen nach Gelegenheiten, mit uns zusammenzuarbeiten, und diese Zusammenarbeit beschränkt sich nicht auf geschulte Therapeuten und Heiler. Heutzutage zeigen viele Menschen ein Interesse an Beratung und Gesundheit. Die meisten von uns versuchen, gute Zuhörer zu sein. Je nach Situation sind wir in gewissem Sinne alle Heiler. Und wir alle können mit Heilgeistern zusammenarbeiten.

Heiler und Berater spüren fast immer, in welcher Weise eine Sitzung ausgehen wird. Ähnlich verhält es sich, wenn du einem besorgten Freund hilfst. Du wirst zuhören, sprechen, vielleicht berühren, und zwar in einer Weise, die das bestmögliche Ergebnis fördert. Vielleicht spürst du ganz deutlich, dass der Freund weinen oder ärgerlich werden muss, bevor er sich besser fühlt. Daher lenkst du die Unterhaltung und versuchst auf verschiedene Arten, dieses Ergebnis zu erreichen.

In gewisser Weise gleicht dies den Engeln, denn du hast ein Gespür für das spezielle Heilmuster. Du kennst den Bauplan und arbeitest daran, eine Brücke zu bauen, um dieses Ergebnis zu erzielen. Das ist das Wesen guter Heilarbeit – ein einfühlsames Erkennen der Situation und ihres möglichen Ausgangs. Dann bedienst du dich deiner besonderen Fähigkeiten, um sie zu ihrer Vollendung hin zu überbrücken.

Begleitet dich oder einen bestimmten Heiler bereits ein Heilengel? Werde still. Was fühlst du? Liegt eine gewisse Stille, Magie und Anmut in der Atmosphäre? Was sagt deine Intuition? Empfindest du ein beglückendes Erfassen, bevor du mit der Heilarbeit beginnst? Freust du dich darauf?

Es gibt ein wunderschönes Gebet der nordamerikanischen Kwakiutl an den „Geist der Heilung“:

Ich bitte dich, große Kraft, dass du dich erbarmst und
diesen unseren Freund gesund machst.
Ich flehe dich an, große Kraft, dass du dich erbarmst und
die Krankheit aus diesem unseren Freund nimmst.
Oh, erbarme dich, dass ich diesen unseren Freund lebendig mache. Oh,
große Kraft, möge ich diesen unseren Freund,
durch den du dich bewegst, heilen können.
Möge ich diese Krankheit unseres Freundes leicht erreichen,
du erhabene große Kraft, du großer Lebensspender.

Mit Heilengeln arbeiten

Die Techniken der Zusammenarbeit mit Heilengeln sind einfach. In einer Heilsituation fühlt dein Energiefeld die Aura der hilfsbedürftigen Person und verbindet sich mit ihr. Dein Feld spürt die Energiemuster und Blockaden. Du fühlst auch die Seele deines Klienten und den Bauplan, den sie zu verwirklichen sucht.

Auch der Heilengel ist sich dieser Kraft bewusst und kennt aufgrund seiner Entwicklungsgeschichte und seiner Erfahrung den besten Weg, auf dem die Energien zum Fließen und Vibrieren gebracht werden können, um eine angemessene Heilung herbeizuführen. Der Heilengel kennt den Plan zur Heilung dieses Zustandes.

Du, der Heiler, bist daher sowohl mit den Mustern deines Klienten als auch dem energetischen Bauplan des Engels verbunden. In deiner stillen Einstimmung auf die Bedürfnisse der Situation spürt deine Aura alle diese Dinge.

Du arbeitest mit Heilengeln in genau derselben Weise, in der du mit anderen Geistern arbeitest: Einstimmung, Einladung, Handlung. Du sollst still und aufmerksam sein und die feinen Eindrücke und Richtungs- und Führungshinweise wahrnehmen. Letzteres trifft auf jede Situation zu, in der du mit den Geistern zusammenwirkst, besonders als guter Heiler, Berater oder Therapeut.

Dann musst du natürlich in deiner eigenen Weise handeln. Ein Gesprächsberater hört zu und lenkt die Unterhaltung durch intuitiv erfasste Fragen und Bemerkungen. Ein Osteopath oder Chiropraktiker spürt, wie die Körperenergien durch bestimmte Berührungen bewegt und freigesetzt werden können. Ein Geistheiler wird eine bestimmte Energiequalität kanalisieren und auf bestimmte Bereiche richten.

Eine neue Art der Physiologie

Bevor wir eingehender auf die Arbeit mit den Heilengeln eingehen, müssen wir mehr über die Beschaffenheit des physischen Körpers wissen, besonders über diejenigen Elementale und Geister, die mit dem physischen und dem Energiekörper verwoben sind.

Die westliche Medizin wird allmählich in die alternativen Modelle der Physiologie, besonders der chinesischen und ayurvedischen Medizin, eingeführt, die ein klares Verständnis für die Energiefelder und Energiezentren des menschlichen Körpers besitzen. Aber bis jetzt ist man sich noch kaum des Deva-Elements bewusst, dass zu jedem Körper gehört. Doch es gibt ebenso viele Devas wie es biologische und energetische Einzelteilchen gibt.

Bei jeder Krankheit wird das vollkommene Muster, das der entsprechende Geist sich vorstellt und hält, blockiert und kann sich nicht selbst erfüllen. Das Nieren-Elemental wird vielleicht daran gehindert, die Niere magnetisch in ihren vollkommenen Zustand zu ziehen. Bei vielen Naturreligionen, in denen alles, beseelt und unbeseelt, als Leben enthaltend betrachtet wird, spricht der zu Recht so genannte „Medizinmann“ direkt zu den Geistern der erkrankten Organe.

Ebenso wie das medizinisch geschulte Berufspersonal sich mit der Anatomie vertraut machen muss, musst du das Elemental-Leben kennenlernen, wenn du mit Heil-Devas arbeiten willst. Bestimmte Organe und Aspekte des Körpers müssen als eigenständige Wesen betrachtet und verstanden werden.

Die Elementale des physischen Körpers spüren

Werde auf deine Weise innerlich still. Lenke dein Bewusstsein in deinen Körper. Empfinde eine warme Zuneigung zu deinen inneren Organen. Fühle eine sanfte Wärme deinen Magen und deinen Brustkorb durchrieseln.

Wenn du bereit bist, wende deine Aufmerksamkeit zu einem Körperteil hin, der sie anzieht. Wenn du dich zu keinem besonderen Körperbereich hingezogen fühlst, konzentriere dich auf einen deiner Finger. Lenke deine Aufmerksamkeit in die Haut der Fingerkuppe und stelle dir vor, du seiest wie ein sehr starkes Mikroskop, das näher und immer näher hinschaut.

Schließlich betrachtest du nur ein einziges Atom. Es ist ein tanzender, sich drehender Kosmos von Teilchen und Wellen, begleitet von einem Elemental, das seinen vollkommenen Bauplan trägt und es werden lässt. Grüße den winzigen Deva. Sinne über seine Schönheit und sein Wirken nach.

Wenn du möchtest, wende deine Aufmerksamkeit von diesem einzelnen Atom ab und werde dir der Millionen von Atome bewusst, aus denen dein ganzer Körper besteht. Erschaue, wie dein ganzer Körper ein leuchtendes System dieser Atome darstellt.

Es besitzt einen einzigen Deva, der es begleitet und der den Bauplan für eine vollkommene physische Gesundheit für dich trägt. Diese Wesenheit wird manchmal auch Körper-Elemental genannt. Grüße es liebevoll. Sinne über seine Schönheit und seine Arbeit nach.

Nun lenke dein Bewusstsein in irgendeinen Aspekt, irgendein Organ deines Körpers – die Lunge, das Knochenmark, das Skelett, einen bestimmten Knochen, den Kreislauf, das endokrine System, das Immunsystem – und werde dir bewusst, dass auch dieser Aspekt seinen eigenen Deva-Begleiter und seinen eigenen lebendigen Bauplan besitzt. Grüße ihn freundlich und sinne über seine Schönheit und Arbeit nach.

Wiederhole diese Übung nach einer gewissen Zeitspanne mehrere Male und werde mit deinem physischen Körper, seinen einzelnen Bereichen und seinen Elementalen vertraut.

Der menschliche Körper ist natürlich nicht nur ein physisches Vehikel. Lebenskraft oder Prana bewegt sich um und durch ihn. Außerdem gibt es die Energiewirbel, die in der östlichen Tradition als Chakras bezeichnet werden. Es gibt sieben Haupt-Chakras, die sich zwischen der Wirbelsäulenbasis und dem Scheitel befinden. Jedes Chakra stellt ein sich drehendes Zentrum der Emotions- und Mentalenergie dar, die sich im physischen Körper ausdrücken.

Die Elementale des Energiekörpers spüren

Werde auf deine Art innerlich still. Lenke dein Bewusstsein in deinen Körper. Betrachte deine inneren Organe mit einer warmen und liebevollen Einstellung. Fühle eine sanfte Wärme durch deinen Magen und deinen Brustkorb rieseln.

Werde dir allmählich der Energie bewusst, die durch deinen Körper kreist. Sie fließt unter der Haut tief in dein Knochenmark hinein und hinaus in dein Energiefeld. Grüße dieses Energiesystem liebevoll und werde dir des Geistes bewusst, der sein vollkommenes Muster trägt.

Anerkenne dankbar diesen Geist. Achte still auf deine Gefühle und Gedanken.

Wende langsam deine Aufmerksamkeit der Energie deiner Emotionen zu. Auch sie umgibt und fließt durch dich. Beachte ihre unterschiedlichen Eigenschaften, ihre Stimmungsreichweite. Grüße sie liebevoll und werde dir des Geistes bewusst, der ihren vollkommenen Bauplan trägt. Erkenne diesen Geist in Dankbarkeit an. Achte still auf deine Gefühle und Gedanken.

Nun lenke deine Aufmerksamkeit langsam auf die Energie deines Mentalkörpers, die ebenfalls um dich und durch dich fließt. Achte auf ihre verschiedenen Merkmale, ihre Reichweite der Ideen und Ansichten. Grüße sie liebevoll und werde dir des Geistes bewusst, der ihr vollkommenes Muster hält. Erkenne diesen Geist dankbar an. Achte still auf deine Gefühle und Gedanken.

Lenke deine Aufmerksamkeit die Chakras entlang. Sei dir aller sieben Energiezentren als eines vollständigen Systems bewusst, wobei jedes einzelne einmalig ist. Erkenne, dass sie aus physischer, emotionaler und mentaler Energie bestehen. Grüße sie liebevoll. Sei dir der Elementale bewusst, die mit jedem einzelnen Chakra und dem ganzen System arbeiten.

Anerkenne dankbar die Anwesenheit dieser Elementale. Konzentriere dich auf ein einziges oder lasse deine Aufmerksamkeit an allen entlanggleiten.

Führe diese Übung so oft du willst durch, um mit deinem Energiekörper und deiner Beziehung zu ihm vertrauter zu werden. Wenn dir in einer Sitzung die Konzentration auf die verschiedenen Teile zu schwierig wird, wähle bestimmte Bereiche aus, die dich interessieren.

Blütenessenzen und Homöopathie

Einer der besten Wege, sich mit den heilenden Geistern in Verbindung zu setzen, geschieht durch den Gebrauch von Blütenessenzen und Homöopathie. Im Laufe der Zeit haben viele Kulturkreise entdeckt, dass verschiedene Pflanzen verschiedene Kräfte in sich tragen, die zu Heilzwecken eingesetzt werden können. Dem Bauplan eines Pflanzen-Deva sind eine bestimmte Schwingung und ein gewisser Ton zu eigen. Der eine Pflanzen-Deva mag dazu geeignet sein, mit emotionaler Traurigkeit zu arbeiten, während sich ein anderer der mentalen Beurteilungen annimmt. Die Ausstrahlung und der Bauplan des Deva besitzen eine spezielle Drehung, die bestimmte Störungen „musikalisch" in eine neue und fließende Schwingung bringen. Der physische Körper profitiert von den eigentlichen Pflanzenstoffen, aber es gibt auch die Wirkung des Pflanzen-Deva und des Bauplans. Genau aus diesem Grunde wirken Blütenessenzen und homöopathische Heilmittel.

Viele Leute können die homöopathische Wirkungsweise nicht verstehen, da der ursprüngliche Bestandteil des Mittels so stark verdünnt ist, dass wissenschaftliche Messungen keine Spur mehr davon nachweisen können. Das Heilmittel enthält aber noch den Bauplan der Pflanze oder des Minerals. Die Energiestruktur eines homöopathischen Mittels trägt die Essenz des

Deva, was auch für die Blütenessenzen zutrifft. Wenn du also diese Mittel einnimmst, nimmst du den energetischen Bauplan des Pflanzengeistes in dich auf. Und da dieser mit den anderen Elementalen und Engeln seiner Spezies harmonisch verbunden ist, führst du deinem Körper eine Verbindung mit dem gesamten Feld der entsprechenden Devas zu.

Diese Verbindung bewirkt eine neue Schwingung in deinem Energiekörper, die harmonisch mit den Elementen der Krankheit und den Elementalen der entsprechenden Organe arbeitet. Es handelt sich um eine wundervolle und sehr erdbezogene Weise, um Gebrauch von den Heilschwingungen der Pflanzengeister zu machen.

Arbeit mit den Heilengeln

Die folgende Übungsreihe wird dich in eine Arbeitsbeziehung zu den Heilengeln bringen.

Beziehung zu einem Heilengel

Führe diese Übung aus, bevor du deine Freunde oder Klienten siehst. Führe sie regelmäßig durch, um eine Beziehung aufzubauen.

Werde innerlich still und ruhe in deiner Mitte.

Betrachte dich in einer Heilsituation. Du bist bei deinem Klienten oder einem Freund, der Heilung sucht. Stelle dir vor, die warme und helfende Energie eines Engels leuchtet über der Szene. Dieser Engel weiß genau, wie die Heilung stattfinden kann. Seine Energie hüllt deinen Gefährten und dich ein. Siehe dich vom Licht dieses Engels bedeckt.

Bitte diesen Engel mit deinen eigenen Worten, laut ausgesprochen oder in Gedanken, zu dir zu kommen. Fühle, wie er sich dir nähert. Anerkenne dankbar seine Gegenwart. Bitte ihn, bei dir zu bleiben und dir stets zur Seite zu stehen, wenn du dich in einer Heilsitzung befindest. Danke ihm.

Sinne still über seine Gegenwart und seine Bedeutung in zukünftigen

Situationen nach. Achte darauf, was dir durch den Sinn geht und was du fühlst.

Zum Schluss der Übung magst du dem Engel bedeuten, je nach Wunsch, bei dir zu bleiben oder dich zu verlassen. Bitte ihn aber, an deiner Seite zu stehen, wenn du seiner bedarfst. Bringe deine Dankbarkeit zum Ausdruck.

Verbinde dich mit deinem Engel kurz vor der Heilung

Bevor du dich deinem Klienten zuwendest, nimm dir ein wenig Zeit und werde ganz still. Wenn es dich verlegen macht, könntest du sagen: „Macht es ihnen etwas aus, wenn ich einen Augenblick innehalte, um mir die Sache genauer anzusehen? Ich möchte mich konzentrieren."

Gehe in deine Mitte. Dein Energiekörper dehnt sich aus, um mit dem Energiekörper des Klienten Verbindung aufzunehmen und ihn einzuschließen. Über dir, euch beide umhüllend, breitet sich die Aura eines Heilengels aus.

Lade diesen Heilengel ein, bei euch zu sein und danke ihm für seine Gegenwart. Gib der Verbindung eine Weile Raum, bis du sie vollkommen aufgenommen hast. Lasse die Aura des Engels in deine Aura eintreten. Achte auf Bilder, Empfindungen und Gedanken. Wisse, dass die vor dir liegende Heilungsarbeit unweigerlich zur Gesundheit führen wird. Gehe dann zu deiner Therapie über.

Solltest du an irgendeinem Punkt unsicher werden, wie dein nächster Schritt sich gestalten soll, kehre in deine innere Stille zurück. Verbinde dich wieder mit dem lichten Engel. Fange erneut an.

Bringe nach der Sitzung deinen Dank zum Ausdruck.

Mit der nächsten Übung wollen wir einen Geist finden, dessen Bauplan bei der allgemeinen Gesundheit hilfreich ist. Du kannst sie so oft du willst durchführen und feststellen, dass die Devas im Laufe der Zeit wechseln.

Werde still. Blicke liebevoll in deinen Körper hinein. Grüße die verschiedenen Bereiche und Elementale. Sei dir ihres tanzenden Lebens bewusst.

Öffne dein Bewusstsein sanft für die Natur und das Universum. Lasse deinen Geist über die Felder, Hügel und Berge schweifen. Lasse dein Bewusstsein zu den Wäldern und Meeren wandern. Lasse es sich für die Himmel öffnen.

Sinne darüber nach, dass es in der Natur und im Universum eine Fülle von Leben und Geistern gibt. Anerkenne es und sei dankbar für den Reichtum und die Schönheit.

Entspanne dich und siehe, wo dich deine Aufmerksamkeit hinführt. Vielleicht zieht dich eine besondere Pflanze, ein Tier, ein Stern oder ein Planet an. Verweile eine Zeit lang dort. Entrichte deinen Gruß und sei dir bewusst, dass es dort auch einen begleitenden Geist gibt. Verbinde dich mit diesem Geist und anerkenne seine Existenz.

Bitte diesen Geist, ein Elementarteilchen von ihm in dein Energiefeld treten zu lassen. Werde still, fühle und empfinde es. Lasse es in deinen Körper sinken. Fühle die Wirkung. Stelle dir vor, wie diese neue innere Beziehung dir Heilung und größere Gesundheit bringt.

Entspanne dich und lasse die Übung von dir abfallen. Bedanke dich.

Später möchtest du vielleicht herausfinden, womit du dich in dieser Übung verbunden hast. Wenn es sich um eine Pflanze, ein Tier oder einen Stern gehandelt hat, magst du darüber lesen oder ein Bild davon aufhängen wollen. Das hilft, die Beziehung zu festigen.

Wenn du diese Art geistige Arbeit instinktiv erfassst, kannst du beginnen, an den Körper-Elmentalen eines Klienten oder eines Freundes zu arbeiten.

Zusammenarbeit mit Körper-Elementalen

Führe zuerst die vorangegangene Übung durch.

Wenn du ruhig bist und die lichte Anwesenheit des Heilengels spürst, wende deine Aufmerksamkeit einem speziellen Organ, dem Körperbereich oder der Energie zu, mit der du arbeitest. (Dabei kann es sich ganz allgemein um die Wirbelsäule oder einen einzelnen Wirbel handeln. Es kann auch der gesamte Emotionalkörper oder ein spezielles Organ sein.) Wisse, dass dieser Körperteil sein eigenes elementales Gegenstück besitzt.

Grüße dieses Elemental, mit dem du arbeitest und sei dankbar für seine Gegenwart.

Teile ihm in Gedanken dein Mitgefühl mit der Lage mit. Es trägt das vollkommene Muster, aber eine Spannung oder Blockade im Energiefeld hält es davon ab, seinen Zweck zu erfüllen. Frage nach seinem Bedürfnis, um in ein gesundes Fließen zurückgebracht zu werden.

Sinne darüber nach und achte auf Eindrücke. Sei offen für das, was dir in den Sinn kommt und was du intuitiv empfindest. Letztlich weißt du, dass es Liebe, Wärme und ein Empfinden gesunder Bewegung benötigt.

Sobald du dir Klarheit verschafft hast, unternimm die entsprechenden Schritte. Solltest du unsicher werden, schwinge dich still wieder auf das Elemental ein.

Beende die Sitzung und bedanke dich.

Pathologische Elementale

Selbst erkrankte Körperteile enthalten Deva-Essenz. Jeder Teil des kranken physischen oder Energiekörpers enthält Elementale, die zu dieser besonderen Krankheit gehören. In anderen Situationen richten sie an ihrem angestammten Platz keinen Schaden an, aber im erkrankten Körperbereich sind sie unerwünscht.

Es ist möglich, mit diesen Elementalen direkt zu kommunizieren und sie zu bitten, sich zu wandeln oder ihres Weges zu ziehen. Medizinmänner tanzen, singen, klappern, spucken Kräuter oder verwenden Feuer, um diese Elementale dazu zu bewegen, weiter zu ziehen. Doch du wirst wahrscheinlich die folgende Übung bevorzugen.

Verbindung mit pathologischen Elementalen aufnehmen

Führe diese Übung im Zusammenhang mit einer geeigneten Heilung durch. Verbinde dich zuerst mit dem Heilungsvorgang, indem du die oben beschriebenen Vorbereitungen triffst.

Wenn du dich ganz in deiner Mitte ruhend fühlst und den Heilengel herbeigerufen hast, führe diese Übung durch.

Stimme dich sanft auf die mit der eigentlichen Krankheit in Zusammenhang stehenden Elementale ein. Es können physische Elementale sein, die sich im Körper festgesetzt haben, oder Elementale von feinstofflicher Energie, die im Prana, in den Emotionen oder im Geist sitzen.

Sei dir bewusst, dass eine Verbindung zu diesen Elementalen unangenehm sein kann. Das liegt daran, dass dein Energiefeld die Schwingung und Resonanz des krankhaften Elementals tatsächlich fühlt.

Wenn du dich ängstigst, beende die Übung.

Solltest du dich aber trotz deiner Ängstlichkeit zu dieser Art der Arbeit veranlasst fühlen, gehe langsam vor, Schritt für Schritt. Verbinde dich anfänglich nur wenige Sekunden mit den Krankheits-Elementalen und erweitere dies allmählich.

Wenn du dich auf die Elementale der Krankheit eingestimmt hast, grüße sie liebevoll und danke ihnen für ihre Anwesenheit. Stelle dir dann vor, wie sie sich wandeln oder weiterziehen können. Sinne über ihren Wandel und ihre Beseitigung nach. Erspüre, was du zu tun hast, um den Prozess zu unterstützen.

Zumindest wird die Energie deiner liebenden Aufmerksamkeit dazu beitragen, sie aus ihrer Verklammerung zu lösen.

In diesem Falle musst du dich mit verschiedenartigen Strategien wappnen, wie mit kreativer Aggressivität. Du kannst dich reinigenden Räucherwerks, machtvolleren Schwingungen oder intensiver Gebete und starker Energie bedienen.

Es handelt sich um eine sehr delikate Angelegenheit. Handele nicht, ohne dir der Anwesenheit des lichten Heilengels und des Ablaufs ganz sicher zu sein. Wenn es eindeutig ist, mache weiter.

Bevor du die Sitzung beendest, tritt in die Energie des Heilengels ein. Fühle die reinigende Kraft durch dich hindurch strömen und dich umgeben.

Danke allen an dem Vorgang beteiligten Geistern. Beschließe die Sitzung.

Geoffrey Hodson gibt in „Brotherhood of Angels and Men" eine sehr hilfreiche Anrufung für die „Engel der Heilung".

Seid gegrüßt, Devas der Heilkunst!
Eilt zu unserer Hilfe.
Lasst euren heilenden Segen
In diese (Person, diesen Ort) fließen.
Lasst jede Zelle neu aufgeladen sein
Mit Lebenskraft.
Schenkt jedem Nerv Frieden.
Besänftigt die gequälten Sinne.
Möge die emporsteigende Lebenswelle
Jedes Glied erglühen lassen,
Da durch eure Heilkraft
Seele und Körper erneuert werden.
Hinterlasst hier einen Engel-Hüter,
Um zu trösten und zu beschützen,
Bis die Gesundheit zurückkehrt oder das Leben erlischt,
Dass er alles Übel abwehre,
Die Rückkehr der Kraft beschleunige
Oder zum Frieden führe, wenn das Leben vorüber ist.
Seid gegrüßt, Devas der Heilkunst!

Eilt zu unserer Hilfe,
Und teilt mit uns die Mühen dieser Erde,
Dass der Geist in allem befreit werden möge.

Die universelle Verbindung

Im Allgemeinen ist die Dynamik des Heilvorgangs immer dieselbe – bringe deine äußere Ausdrucksform in Einklang mit deinem wahren, inneren Bauplan. Es gibt auch einen an die Umwelt gebundenen Zusammenhang für den Heilungsprozess. Du und dein Körper, ihr seid nicht isoliert; du bist Teil eines viel größeren Universums. Und eine Verbindung zum Universum schafft eine heilende Harmonie, das Rezept für eine vollkommene Gesundheit. Trennung ist ein machtvoller Aspekt jeglicher Krankheit.

Es gibt keinen kosmischen Bauplan, der besagt, dass Versagen und Unglücklichsein die vollkommene Erfüllung für dich sind. Im Gegenteil, er ist voller Liebe, Hoffnung und Schöpferkraft. Wenn sich die Menschen mit der umfassenderen Dimension verbinden, wissen, fühlen, verstehen und erfahren sie ausnahmslos, dass alles wunderbar ist. Es scheint ein grundlegender Aspekt guter Gesundheit zu sein, diese Verbindung zu spüren.

Die Geister leben ununterbrochen in dieser Verbindung. Selbst wenn sie eng mit der menschlichen Aktivität verknüpft sind, sind sie Teil des umfassenderen Flusses. Wenn du dich daher mit der geistigen Welt verbindest, öffnest du dich auch für die Art und Weise, in der die Devas das Leben erfahren. Wenn du dich mit Engeln verbindest, öffnet sich dir ein Tor in diese größere, klarere und liebendere Dimension. Schon sich der Geister bewusst zu sein, bedeutet Heilung.

Die Engel des Kosmos

Werde still. Sinne über die Schönheit der Natur und des Universums nach. Denke an all die Orte, Pflanzen und Geschöpfe, die du liebst. Denke an die wunderbaren Menschen, die du kennst. Denke an die Sterne und die Himmel. Denke darüber nach, wie lieblich die Natur ist.

Erkenne, dass es einen wunderschönen Geist gibt, der weiß, wie du dich entspannt und mit den inneren Welten verbunden fühlen kannst. Das ist dein Engel des Kosmos. Verweile eine Zeit lang bei dem Gedanken an einen solchen Engel.

Rufe ihn zu dir und danke für seine Anwesenheit. Bitte ihn, immer bei dir zu sein, indem er dir hilft, deine Verbindung zu der Schönheit allen Lebens, zu Gott und dem Geist zu stärken.

Achte still auf deine Gefühle und deine Eindrücke.

Die heilende Unterstützung aller Geister

Wenn du dich bewusst mit den Devas verbindest, wird die Selbstheilung gefördert, indem der Magnetismus deiner eigenen Körper-Elementale gesteigert und der Bauplan deiner Gesundheit gestärkt wird. Der beste Weg dazu besteht darin, dich mit Geistwesen zu verbinden, die zu Menschen, Plätzen und Aktivitäten in Beziehung stehen, die du wirklich liebst. Auf diese Weise kannst du sichergehen, eine schöpferische und unterstützende Schwingung einzubringen.

Verbindung zu einem Helfer-Engel

Bevor du mit dieser Übung beginnst, denke an die Menschen, Orte und Aktivitäten, die du liebst, die dich trösten und inspirieren. (Wenn möglich, mache diese Übung in ihrer Nähe.)

Werde innerlich still. Wende deine Aufmerksamkeit deinem eigenen Körper, seinen einzelnen Bereichen und seinem Energiesystem zu. Grüße sie liebevoll und grüße die Elementale, die deinen Körper begleiten.

Wenn du an einer bestimmten Krankheit erkrankt bist, grüße liebevoll den Bereich deines Körpers, in dem sie sich niedergelassen hat. Dann grüße das Elemental oder die Elementale, die diesen Körperteil begleiten.

Wende nun deine Aufmerksamkeit der Person, dem Ort oder der Aktivität zu, die du wirklich liebst. Lasse dein Bewusstsein mit den Erinnerungen daran spielen. Stelle eine Verbindung her. Grüße sie liebevoll.

Sinne über den begleitenden Geist nach. Stimme dich auf diesen Geist ein. Bitte ihn, sich mit dir zu verbinden.

Stelle dir nun vor, wie eine angenehme und harmonische Energie zwischen diesem Geist und den Elementalen deines Körpers fließt. Siehe die durch diese Beziehung entstehende Freude und Kräftigung deiner Körper-Elementale.

Spüre und denke über das gute Gefühl nach, dass nun vielleicht deinen Körper durchfließt, besonders in den kranken Bereichen. Das ist deine Heilung.

Erlebe die magisch sprühende Energie deines Körpers und seiner Elementale. Fühle, wie sich die kranken Bereiche für einen neuen Tanz erfüllter Gesundheit öffnen.

Danke dem Deva, den du um seine Kameradschaft und seine Unterstützung gebeten hast. Bitte ihn, deine Körper-Elementale auch weiterhin zu unterstützen.

Ziehe dich allmählich von dieser Übung zurück.

In diesem Falle sollte man einen wesentlichen Punkt beachten. Die Art der Ruhe, derer du bedarfst, um dich mit Geistern zu verbinden, entspricht genau der Ruhe und Entspannung, die deinen Heilungsprozess ohnehin fördern.

Du solltest auch den ungeheuren Unterschied bedenken, der zwischen einem Menschen liegt, der sich auf den Geist seiner Tätigkeit einschwingt und demjenigen, der nichts davon weiß. Lebst und arbeitest du in einer Weise, die im Allgemeinen in Einklang steht mit deinen Lebensgeistern? Oder bist du dir dessen unbewusst? Die folgende Übung wird dir helfen.

Bist du eingestimmt auf den Geist deiner Aktivitäten?

Werde innerlich still. Sobald du in deiner Mitte ruhst, überprüfe die Hauptaktivitäten in deinem Leben. Deine Familie. Deine Beziehungen. Deine Arbeit. Deine Hobbys. Deine Freizeit. Alle Aktivitäten.

Betrachte sie einfach ganz ruhig.

Nimm deine Hauptarbeit heraus. Frage dich, ob du mit dem Geist dieser Aktivität verbunden bist. Steht die Art, in der du die Arbeit verrichtest, wirklich in Einklang mit dem, wie du sie wirklich verrichten willst?

Betrachte den Stil, die Atmosphäre und die Empfindung deiner Handlungen.

Verurteile dich nicht selbst. Betrachte deine Handlungsweise nur mit einem philosophischen Lächeln.

Nun beginne darüber nachzudenken, wie es sein könnte, wenn du mit dem Geist der Aktivität verbunden wärest. Wenn du ihn einladen würdest, wie sähen deine Aktivitäten dann aus?

Denke eine Weile still über diese Fragen nach. Lasse alle Bilder und Gedanken an die Oberfläche treten.

Aus den vorangegangenen Übungen weißt du bereits, wie man den entsprechenden Geist anruft und mit ihm zusammenarbeitet.

Geister, die der Heilung bedürfen

In diesem Zusammenhang wollen wir auf die negativen Wesen eingehen.

Meiner Ansicht nach gibt es keinen wahrhaft negativen oder üblen Geist. Es gibt jedoch geistige Wesen, die negative Schwingungen und Muster tragen, die sie von der menschlichen Verhaltensweise übernommen haben.

Besitzergreifende, neurotische und selbstsüchtige Menschen benutzen ihren eigenen animalischen Magnetismus, um Geistwesen zur engen Zusammenarbeit herbeizurufen. Ein kleiner Naturgeist, wie ein Elf oder ein Zeremonialwesen, kann aus seiner natürlich offenen Verbindung mit anderen Devas und dem wohlwollenden Universum fortgezogen werden. In diesen Fällen wird die Macht des Menschen für das Wesen gottähnlich, und er beginnt, die Muster dieser Person aufzunehmen.

Nehmen wir einen grausamen, egozentrischen und sexuell perversen Ritualisten oder Heiler. Der kleine Geist der Heilung oder Zeremonie hilft zunächst in der üblichen Weise. Aber die besitzergreifende Haltung des Individuums schafft ein Energiefeld, das das Wesen nicht freigibt. Da es sich nicht lösen kann, nimmt es die Atmosphäre und die Prägung der verbrecherischen Haltung und Handlungsweise in seinen Bauplan der Möglichkeiten auf. Ein Ritualist mag vielleicht eine Zeremonie durchführen, die der sexuellen Lust oder dem Verlangen nach Sadismus frönt. Der Geist nimmt dieses Muster auf.

Wenn dieser Geist freigesetzt wird, bleibt er davon geprägt. Jeder, der ihm nahe kommt, wird diese Prägung spüren. Und wenn sich ein schwacher Mensch mit diesem verdorbenen Geist verbindet, besteht die Möglichkeit, dass auch diese Person beeinflusst oder zumindest durch seine Schwingung geängstigt wird.

Vor vielen Jahren sollte ich jemandem helfen, der mitten in London in einer Erdgeschoss-Wohnung wohnte und unliebsame Dinge erlebte. Die Atmosphäre pflegte plötzlich sehr beängstigend und unheimlich zu werden, und er spürte elektrische Schocks um Rücken und Schultern. Lichter flackerten in der Dunkelheit, und er konnte sich der Halluzinationen von Blutlachen nicht erwehren. Auf Spiegeln und Wänden tauchten unerklärliche Merkmale auf.

Als ich eintraf, fand ich tatsächlich eine furchtbare Atmosphäre vor. Gewisse rituelle Gerätschaften des berüchtigten Okkultisten Aleister Crowley waren in der Wohnung gelagert worden. Außer seinem Cape und dem zeremoniellen Schwert gab es einige rituell gebundene Geistwesen, die aus ihren

Erlebnissen eine Menge menschlicher Verderbtheit aufgesogen hatten. Ich klärte die Wohnung und begab mich in eine lange Reinigungsmeditation. Ich ließ mein Bewusstsein die gesamte Wohnung umhüllen und zog die unglücklichen Geister langsam zu mir hin. Ich saß lange Zeit mit ihnen in meiner Aura da, nahm ihre menschliche Negativität auf und bat dann einen Heilengel, sie zur Genesung fortzunehmen.

Die Wohnung war danach einwandfrei. Was mit dem Cape und dem Schwert geschah, weiß ich nicht.

Da die negative Prägung stets von der menschlichen Verhaltensweise stammt, kann sie auch von einem Menschen gereinigt werden und das Geistwesen wird von der Verderbtheit befreit. Die Technik zur Heilung eines in dieser Weise geschädigten Wesens ist recht einfach, aber unangenehm, und es gibt nur wenige Menschen, die diese Art der Reinigung vornehmen. Die Methode folgt, aber wenn du dich nicht wohl dabei fühlst, ziehe sie nicht einmal in Erwägung!

Heilung eines geschädigten Geistwesens

Werde innerlich still. Ruhe völlig in deiner Mitte und fühle dich mit dem Wohlwollen und der Liebe des Universums verbunden.

Sinne über eine bestimmte Art von Heilengel nach, der alle Energien, die bei der Reinigung und Erlösung eines geschädigten Geistwesen beteiligt sind, vollkommen versteht. Rufe diesen Geist zu dir und anerkenne dankbar seine Gegenwart. Rufe auch andere dir vertraute Geister herbei, die dich unterstützen werden.

Dehne dein Energiefeld langsam aus, um das negative Geistwesen mit einzuschließen. Deine Haltung sollte liebevoll, sehr streng und elterlich sein. Deine Schwingung sollte liebendes Mitgefühl zum Ausdruck bringen.

Lade das Wesen in dein Energiefeld ein und spüre es dort. Dann führe es sanft in deinen physischen Körper.

Dabei handelt es sich nicht um eine angenehme Erfahrung. Bleibe ruhig, losgelöst, liebevoll und atme ruhig und rhythmisch. Entspanne dich und erlebe ganz die Verderbtheit dieses armen Geistes. Lächle in diese Verderbtheit hinein. Indem du sie erlebst, transformierst du sie auch. Du kannst eine Aussage aus der buddhistischen Meditation über das Mitgefühl anwenden: „Ich atme Negativität ein, ich atme Segen aus."

Dein Körper mag sich beim Widerhall der negativen Energie schütteln. Gefühle, Bilder und Gedanken mögen auftauchen, die sich auf die Verderbtheit beziehen. Bleibe losgelöst, aufmerksam und liebevoll.

Spüre die Reinigung und Freisetzung des Wesens. Wenn du glaubst, den Vorgang abgeschlossen zu haben, bitte die Heil-Devas (die du zu Beginn gerufen hast), das geläuterte Geistwesen für eine Periode weiterer Klärung und Erholung fortzunehmen.

Bringe deine Dankbarkeit zum Ausdruck. Spüre die Reinigungsenergie der Natur und des Universums durch dich hindurchfließen. Bitte deine helfenden Geistwesen zu überprüfen, ob nichts mehr an dir haftet. Sollte es dennoch der Fall sein, nimm es entweder in einen Verwandlungsprozess auf oder sende es auf seinen Weg. Stelle dir vor, wie Wogen der Gezeiten es von dir fortschwemmen.

Löse dich sanft von diesem Vorgang und reinige dich selbst, wie du es gewohnt bist. Wechsle die Kleider. Öffne die Fenster. Nimm ein Duftbad oder dusche dich. Mache einen Spaziergang. Bedanke dich.

9

Mit Engeln arbeiten, die der Menschheit helfen

In diesem Kapitel werden wir uns jenen Engeln zuwenden, die sowohl für Individuen als auch für Gruppen von Bedeutung sind. Dazu gehören nicht nur die persönlichen Schutzgeister, sondern auch jene Wesenheiten, die sich mehr allgemein um Städte und Zivilisationen kümmern oder solche, die mit religiösen Zeremonien beschäftigt sind sowie Tier- und Pflanzengeister, bekannt als Totems.

Persönliche Schutzengel

Geschichten über Engel, die unmittelbar in die materielle Welt eingreifen, haben zu Verwirrung geführt. Ein Unfall ist im Begriff zu geschehen, und eine wunderschöne Wesenheit nimmt Gestalt an, um ihn zu verhindern. Es sind aber nicht Engel oder Devas, die in solchen Fällen einschreiten, sondern körperlose Menschen (ohne physischen Körper), die nicht tatenlos bei derartigen Tragödien zusehen können. In der Gemütserregung des Augenblicks finden diese Menschengeister die Kraft und den Willen, sich direkt in der materiellen Welt zu manifestieren und zu helfen.

Echte, persönliche Schutzengel sind Geistwesen mit einer langen, tiefen Erfahrung menschlichen Daseins. In der gleichen Weise, in der ein Wassergeist, eine Meerjungfrau oder Neptun sich aus dem Meer erheben, ist ein Schutzengel aus den Energiefeldern menschlicher Erfahrung hervorgetreten. Der Hauptbauplan in seinem Bewusstsein sieht die vollkommene Erfüllung einer gesunden Beziehung zwischen einem Individuum und seiner

Seele vor. Schutzengel wollen dir wirklich helfen, dich selbst zu verwirklichen.

Der Schutzengel weiß, dass du nicht nur eine physische, soziale und psychische Person bist. Du bist auch das, was du in deiner Essenz, deinem Wesenskern, deiner Seele bist. Und der Schutzengel weiß es zu schätzen, dass dein Lebenssinn darin besteht, die Harmonien deiner Seele so vollständig wie möglich in deinen Alltag einzubringen.

Er kümmert sich nicht um dein Auftreten in der äußeren Welt. Ihn interessiert nur, welche Art von Schwingung und „Farbe" du bist. Vielleicht sollst du dich wohlhabend und großzügig fühlen. Das erfordert kein Geld, aber ein sehr privates Empfinden. Vielleicht sollst du dich entspannt und mit beiden Füßen fest auf dem Boden stehend fühlen oder ernsthaft und führend. Alle diese unterschiedlichen Merkmale entspringen Launen und Einstellungen in deinem Innern und werden nicht durch soziale Umstände geschaffen.

Obwohl er dich annimmt, wie du gerade bist, ungeachtet deiner Eigenarten und deiner Geschichte, heißt das nicht, dass der Schutzengel einem weisen Therapeuten gleicht. Er ist ein Energiewesen, das sich deiner Schwingungen und Harmonien bewusst ist. Er hält eine Reihe von Energiemustern, um dir zu helfen, die Musik deines eigenen, einzigartigen Lebens zu spielen.

Dein Schutzengel trägt eine sehr feine und sanfte Schwingung. Wäre sie sichtbar, hättest du sie bereits vor langer Zeit bemerkt. Eine spürbare Verbindung zu deinem Schutzengel schenkt dir in erster Linie ein Gefühl von Trost. Er kennt dich. Er liebt dich. Er nimmt dich vollkommen an. Wenn du möchtest, kannst du ihn dir als eine große goldene Wesenheit vorstellen, die dich in deine Schwingen einhüllt, ohne ein Schwert zu tragen. Seine Schwingung gleicht eher dem geliebten Kuscheltier aus deiner Kindheit. Als Erwachsener magst du den gleichen Trost von Tieren oder Bäumen erfahren oder wenn du auf der Erde liegst. All das ähnelt dem Verhältnis zu deinem Schutzgeist.

Begegnung mit deinem Schutzengel

Diese Übung kannst du so oft du magst durchführen, da sie stark heilend wirkt. Werde innerlich still. Du kannst es dir bei dieser Übung in deinem warmen Bett gemütlich machen. Lenke deine Aufmerksamkeit in dich selbst hinein. Sei dir nur deiner eigenen Körperwärme und deines eigenen Geruchs bewusst. Atme ein paar Mal tief und sanft in deinen Unterleib ein.

Lächle dich selbst liebevoll an. Lächle in deinen Körper hinein. Grüße deine Organe. Nimm sie wahr.

Ziehe deine Energie in dich zurück. Achte vor allem darauf, dein Gehirn völlig zu entspannen.

Sinne über die Möglichkeit eines persönlichen Schutzengels nach. Er begleitet dich. Er versteht die Harmonien und die Herausforderungen zwischen deiner Persönlichkeit und deinem Wesenskern. Er versteht und kümmert sich um all die verschiedenen Aspekte deines physischen und deines Energiekörpers.

Du brauchst ihn nicht einzuladen. Er ist bereits anwesend. Je mehr du dich entspannst, desto deutlicher kannst du ihn fühlen. Begrüße ihn. Öffne dich, um ihn vollkommen zu erfühlen. Er ist da und tröstet jeden einzelnen Bereich deines physischen und deines Energiekörpers. Er besänftigt deine Emotionen und deinen Geist. Er kennt dich so gut. Sei passiv und öffne dich vollkommen für ihn. Lasse die Sanftheit seiner goldenen Schwingen dich halten. Er ist immer zugegen. Öffne dich für mögliche Eindrücke. Wenn du bereit bist, danke ihm und beende die Übung.

Wenn du dich in die Atmosphäre des Engels gegeben hast, nutze das tröstende seelische Umfeld, um irgendwelche Schwierigkeiten in deinem Leben, die geklärt und geheilt werden müssen, zu betrachten.

Ratschläge von deinem Schutzengel

Mache die oben beschriebene Übung. Sobald du dich wohl fühlst, werde dir des Problems bewusst, das dich quält. Fühle dich von deinem Engel getröstet. Dann bitte ihn, dir zu helfen, Klarheit in die Angelegenheit zu bringen. Es ist sehr wichtig, ruhig zu bleiben und nicht von der Ängstlichkeit, die mit dieser Sache verbunden ist, gefangen genommen zu werden. Nimm dir genügend Zeit, etwaige Eindrücke aufzunehmen. Sei offen für die Möglichkeit neuer Ideen. Vielleicht musst du diese Übung mehrmals durchführen, um langsam einige Antworten auf deine Fragen zu erhalten.

Der Schutzengel und deine Seele

Deine Seele wird mit einem Engel verglichen, weil sie den Bauplan deines wirklichen Wesens trägt. Ein wesentlicher Schritt auf dem geistigen Pfad ist die Erkenntnis, dass du eine Seele besitzt, welche der wichtigste Teil von dir ist. Von der Geburt bis zum Tod sucht sie sich durch deine Persönlichkeit zu manifestieren, und ihr Leben besteht fort, noch lange nachdem der Körper und die vergängliche Persönlichkeit zu Staub geworden sind.

Die Aufgabe deines Schutzengels besteht darin, den Bauplan der Beziehung zwischen deiner Seele und deinem alltäglichen Selbst in deinem Bewusstsein zu verankern. Der Engel, deine Seele und dein niederes Selbst bilden ein Dreieck, und der Engel hält den Plan für deine vollkommene Integration, manchmal auch die „mystische Hochzeit" genannt.

Bei mystischen Erfahrungen und Bewusstseinserweiterungen öffnen sich manchmal die Menschen und fühlen die gesamte Energie und das Schicksal der Seele. Dies kann ein sehr machtvolles und lebensveränderndes Erlebnis sein, besonders da das Nervensystem und das Gehirn die Aura der Seele zum ersten Mal wahrnehmen.

Ich berate regelmäßig Leute, denen dieses Erlebnis widerfahren ist und die versuchen, es zu verstehen. Manchmal glauben sie, dass es sich bei der Erfahrung ihrer eigenen Seele um einen unsichtbaren Lehrer oder Heiligen gehandelt hat. Manchmal glauben sie, es sei Gott gewesen. Beide Auslegungen sind durchaus verständlich und symbolisch gesehen wahr. Oft denken die Leute, dieses Erlebnis sei von ihrem Schutzengel gekommen.

Die Seele ist wahrhaftig wie ein Engel, bewegt sich aber mit unterschiedlichen Impulsen und Rhythmen. In einigen Kulturkreisen wird die Seele in Engelbildern beschrieben. In der Sufi-Überlieferung wird die Seele als geflügeltes Herz dargestellt. Die Sanskrit-Texte beschreiben die Seele als einen Sonnenengel; und die gesamte mythische Überlieferung vom „Fall der Engel“ kann als eine Beschreibung betrachtet werden, wie sich die Seele, aus den Reichen reiner Energie kommend, inkarniert und in das materielle Paradoxon menschlichen Lebens hinabsteigt.

Engel des Todes

Es gibt eine wunderbare Gruppe von Engeln, die den Menschen helfen, würdevoll zu sterben, sobald die Arbeit der Seele für diese Lebensspanne beendet ist. In ihrem Energiefeld tragen sie den Bauplan für einen vollendeten Tod.

In diesem Bauplan geschieht das Sterben völlig ohne Furcht, aber mit einer bereitwilligen Annahme des Übergangs. Diese Engel halten auch das Energiefeld beim Austritt des Bewusstseins aus dem Körper der Person in einer Weise, dass sich die Reise in das nächste Energiefeld sanft, sicher und ermutigend gestaltet.

Freunde, Verwandte und Pfleger verhalten sich instinktiv in einer liebenden und fürsorglichen Art, die ihnen vielleicht neu ist, die dem Sterbenden aber sehr hilft, loszulassen und voran zu schreiten. Diese Form der Liebe strahlt magnetisch von dir aus, indem sie die Körper-Elementale des Sterbenden beruhigen und ein Empfinden der Würde und eines leichten Übergangs hervorrufen.

Wenn jemand, der dir nahe steht, im Sterben liegt, liegen zwei verschiedene Kräfte vor. Zum einen die Trauer über den Verlust eines Verwandten oder eines Freundes, zum anderen der Bewusstseinsübergang des sterbenden Menschen. In beiden Fällen bedarf es des Empfindens von einer beruhigenden und beständigen Kraft, die die Engel des Todes aus ihrem Energiefeld bereitstellen.

Achte also darauf, dass du ruhig und gefasst bist. In deiner eigenen Weise werde innerlich still und ruhe in deiner Mitte. Wenn du angesichts des Todes wirklich helfen willst, musst du gefasst, in dir selbst ruhend, mit deiner Liebe verbunden und offen sein, um mit den „Geistern des Todes" zusammenzuarbeiten.

Zusammenarbeit mit den Engeln des Todes

Werde innerlich still. Fühle dich sicher. Erweitere sanft dein Bewusstsein und schließe den Sterbenden mit ein. Deine Einstellung und deine Körperenergie sind warm, offen, entspannt und beruhigend.

Erkenne den anwesenden Engel, der den Todesprozess vollkommen versteht. Die Aura dieses Engels strahlt unendliches Glücksgefühl und Sicherheit aus, und er wird für das Bewusstsein der sterbenden Person sorgen, wenn es den Körper verlässt und voran schreitet. Sinne über die Anwesenheit dieses Engels nach und verbinde dich sanft mit ihr. Es wird wunderbar sein.

Es gibt drei Möglichkeiten zu helfen. Denke mit großer Liebe an deinen Freund und rufe dir die Menschen, Orte, Tiere, Aktivitäten und geistigen Lehrer, die dein Freund liebte, ins Gedächtnis. Teile diese Dinge in Gedanken dem Engel mit. Der Engel wird sie verwenden, um Bilder des Willkommens daraus zu formen, die den Übergang des Freundes erleichtern werden.

Frage den Engel, ob es eine besondere Aufgabe für dich gibt – zu beten, zu meditieren, praktische Hilfe zu leisten und Angehörige zu benachrichtigen. Verhalte dich ganz still und achte auf Eindrücke. Dann handele.

Mit all deiner Liebe und dem geistigen Willen, den du aufzubringen vermagst, verbinde dich mit der erhabenen Schönheit, Liebe und Schöpferkraft des Lebens. Verbinde dich mit dem Geist, mit Gott, mit der gütigen Kraft, die durch die Natur und das Universum strömt.

Wenn du diese Verbindung zu Gott hergestellt hast, erweitere dein Bewusstsein und schließe deinen Freund ein. Spüre sanft, wie dein Energiefeld dem Sterbenden hilft, sich mit den klaren Feldern der Liebesenergie, in die er bald eintreten wird, verbindet. So lange und so oft es dir möglich ist, verbinde dich mit dem Geist und dehne deine Energie zu deinem Freund aus. Spüre ihn mit Hilfe des fürsorglichen Engels in das klare weiße Licht hinüber gleiten.

Es gibt Situationen, in denen du fühlst, dass kein Engel anwesend ist, um den Vorgang zu erleichtern. Oder jemand ist bereits gestorben, aber du fühlst, dass die Person noch anwesend und der Übergang noch nicht abgeschlossen ist.

Einen Engel des Todes herbeirufen

Werde still. Erweitere dein Bewusstsein und schließe den Sterbenden oder bereits Gestorbenen ein. Sei der Person gegenüber gütig und voller Liebe, die aus deinem Herzen strömt. Sinne über die Vorstellung nach, dass es Engel des Todes gibt, die den Menschen helfen zu sterben. Stelle dir vor, dass in deinem Fall ein solcher Engel eintreten wird. Schicke in Gedanken deinen Ruf in den Raum. Rufe ihn herbei. Bitte um die Anwesenheit eines Todesengels. Anerkenne dankbar seine Gegenwart. Lasse ihn telepathisch um die Notlage wissen. Schenke dem Engel dein volles Vertrauen, alles Nötige zu unternehmen. Du kannst ihm in einer der drei vorher genannten Weisen helfen, wenn du es möchtest.

Vertraue ganz darauf, dass alles in Ordnung ist.

Dankbar und liebevoll lasse die Übung los.

Engel der Städte

Schutzengel arbeiten nicht nur mit Individuen. Sie kümmern sich auch um die Orte und Gemeinden, in denen wir leben. Auch die Naturgeister schreiten voran, um für größere und vielgestaltigere Formen zu sorgen. Schutzengel entwickeln sich ebenfalls.

In Kapitel drei habe ich meine erstmalige Verbindung mit dem „Engel von London“ beschrieben. Seither habe ich erkannt, wie tief die Engel mit allen menschlichen Zivilisationen verbunden sind. Um andere Menschen zu diesem Verständnis zu führen, habe ich folgende Visualisationsübung entwickelt, die ich oft in Gruppen anwende.

Die Stadt der Engel

Werde innerlich still, entspanne dich und ruhe in deiner Mitte. Stelle dir vor, du liegst oder sitzt in einem gemütlichen und sehr sicheren Boot. Es gleitet bei schönstem Wetter auf einem wunderschönen blauen Meer dahin. Die Sonne strahlt, und die Temperatur ist genau richtig. Das Boot wird auf einer sanften Strömung getragen. Wenn du dieses Empfinden lange genug genossen hast, blicke nach vorne. In der Ferne kannst du einige schneebedeckte Berge erkennen. Die Strömung treibt das Boot sanft dem Land entgegen. Als du näher kommst, siehst du die fernen Berge in sanfte Täler und grüne Hügel übergehen, bis hin zu einer grünen Ebene, die sich zum Meer erstreckt. Eine wunderschöne weiße Stadt erhebt sich an der Küste. Du siehst die Schönheit der weißen Stadt aus der Ferne. Sie ist von Engeln übersät. Im Hintergrund erkennst du die Engel der Berge und Hügel.

Die Stadt hat einen Hafen, in dem dein Boot ankommt. Du steigst aus und wanderst in der Stadt umher.

Eine einladende Atmosphäre umfängt dich. In jedem Haus gibt es einen Schrein, der dem Hausengel geweiht ist, und über jedem Haus kannst du den Deva wahrnehmen. Auf den Märkten stehen Schreine, die dem Geist der Kommunikation und des fairen Handels geweiht sind, und seine Engel überstrahlen alle Transaktionen. Vor jedem Theater, jeder Bibliothek und jeder Schule steht ein Schrein, der der jeweiligen Muse geweiht ist. Du kannst diese Geister sehen, die wohlwollend an den Aktivitäten teilnehmen und sie inspirieren.

In den Hügeln hinter der Stadt gibt es mehrere Tempel, von denen einer dem Engel der Stadt selbst geweiht ist, ein anderer dem Engel der Berge und wieder ein anderer den Geistern der Fruchtbarkeit, die über das Land wachen. Fühle dich frei, alleine durch die Stadt zu wandern. Sei entspannt und freue dich über die Eindrücke. Nimm dir soviel Zeit, wie du möchtest.

Träume vor dich hin, ohne dabei einzuschlafen oder deinen Geist abschweifen zu lassen. Wenn du bereit bist, kehre in den Hafen zurück. Bevor du wieder in dein Boot steigst, möchtest du vielleicht eine Flamme entzünden oder eine Gabe des Dankes darbringen. Steige in dein Boot. Die Meeresströmung trägt dich fort, begleitet von den tanzenden Wassergeistern und Meerjungfrauen.

Wenn du bereit bist, werde dir deines Körpers und des Raumes, in dem du sitzt, wieder voll bewusst. Berühre dich selbst. Strecke dich. Vielleicht möchtest du dir einige Notizen oder eine Zeichnung von der Reise machen.

Die Stadt der Engel gibt es in unterschiedlichen Formen in jeder menschlichen Gemeinschaft. In der modernen Welt, besonders mit ihrem Lärm, den Menschenmassen und den Auspuffgasen, lassen sich diese Sphären nur schwerlich vorstellen, aber sie sind da. Wo immer es menschliche Kultur gibt, wird es auch mit ihr verbundene Engel geben. Ob in den Stammesdörfern des Amazonas oder im antiken Athen, ob im modernen Delhi oder in Buenos Aires, die Geistwesen sind da.

Alle diese Engel tragen in ihrem Energiefeld höchste menschliche Ideale. Menschen, die in die Aura der Engel treten, werden unbewusst von ihnen beeinflusst und inspiriert. Die Statuen der Gerechtigkeit über den Justizgebäuden sollten daher nicht nur als ein Symbol abgetan werden, denn sie stellen erhabene Engel dar, die in ihrer Aura die Vorstellungen von Gerechtigkeit, Freiheit und Gleichheit tragen. Jeder, der den Gerichtshof betritt, wird von diesen Idealen beeinflusst und berührt. Denke auch an den Altar des Merkur, des Gottesboten der Kommunikation auf dem Hauptmarktplatz des alten Rom. Selbst heute noch erhebt sich über dem Handelsmarkt in Chicago eine Statue der Göttin Ceres, dem Engel der Feldfrucht und der Fülle des Lebens. Dies sind nur einige wenige Beispiele.

Kundschafte diese Sphären aus. Folgende Übung wird dir dabei behilflich scin, am besten wird sie in der Nähe des Ortes durchgeführt, den du studieren möchtest.

Die Engel der Stadt erkunden

Werde innerlich still. Wenn du ruhig geworden bist, öffne dein Bewusstsein für den besonderen Ort, der dich interessiert – ein Krankenhaus, eine Schule, das Gerichts- oder Regierungsgebäude – und werde dir seiner Form, seiner Zweckbestimmung und seine Umrisse bewusst.

Denke darüber nach, dass es an diesem Ort einen Engel gibt. Er überstrahlt und durchdringt den Platz. Er trägt die höchsten Ideale, nach denen dieser Ort seinen Zweck erfüllen soll.

Grüße ihn. Anerkenne seine Anwesenheit. Achte auf deine Eindrücke.

Versuche die Größe des Engels zu erfühlen. Bemerke die vielen anderen Geister gleicher Art, die sich in seiner Aura befinden. Sinne darüber nach, inwieweit er das menschliche Verhalten beeinflusst.

Um eine tiefere Beziehung zu diesem Engel aufzubauen, kannst du natürlich eine Gabe darbringen.

Gehe in dich und überlege, welcher Art dieses Opfer sein soll. Vielleicht entzündest du zu Hause eine Kerze oder nimmst ein wenig Getreide oder Früchte mit zu dem Platz. Vielleicht solltest du dort beten oder meditieren. Es gibt noch andere Dinge, die du unternehmen kannst, zum Beispiel einer örtlichen Gruppe beitreten, die den Ort unterstützt. Danke für die Gegenwart des Engels und ziehe dich von der Übung zurück.

Deine Vorstellungskraft ist von großer Bedeutung. Als die Kinder meiner Freunde in die Schule kommen sollten, konnten sie einen die Schule überstrahlenden Engel der Erziehung nicht deutlich fühlen. Sie meditierten und stimmten sich ein und versuchten, die Verbindung zu stärken. In den Sommerferien pflanzten sie mit Hilfe einiger Kinder preiswerte Kristalle und Steine in die Sportplätze, in die Gärten und um die Schule herum.

Die Gestalt von Städten und Großstädten

Selbst wenn die Leute nicht bewusst erkennen, dass ihre Stadt einen Engel besitzt, können sie von ihm beeinflusst werden. Das Wirken der Architekten und Städtebauer ist immer interessant zu beobachten. Die Herausforderung besteht darin, sichtbare Schönheit mit sozialen Bedürfnissen zu verquicken. Es gibt alte Pläne heiliger Städte, die darauf bedacht sind, die ideale Harmonie zu schaffen.

Der bedeutendste Plan dieser Art zeigt eine runde Stadt mit vier Toren, die nach Norden, Süden, Osten und Westen weisen. Vier Straßen führen in die Stadtmitte zu einer Quelle, einem Brunnen oder einem Wasser. In der „Offenbarung" wird diese Anordnung beschrieben. Einige der schönsten islamischen Paläste, wie die Alhambra, sind nach ihm entstanden.

Die folgende Übung wird am besten mit einigen Freunden durchgeführt, so dass man nachher die Aufzeichnungen miteinander vergleichen kann. Denjenigen, die an der Gemeindearbeit oder Stadtplanung beteiligt sind, werden sich neue und sehr förderliche Dimensionen eröffnen. Man kann die Übung mehrere Wochen lang oder noch länger durchführen.

Bevor du beginnst, betrachte eine Weile die Stadtkarte. Bekomme ein Empfinden für die Anlage und die einzelnen Gemeinden. Achte auf die Lage der Flüsse und Kanäle, der Hügel und Täler. Wenn möglich, versuche alte Karten einzusehen, um dir ein Bild vom ursprünglichen Zustand zu machen. Ziehe auch eine geologische Karte hinzu, damit du siehst, worauf die Stadt erbaut worden ist. Die meisten dieser Informationen erhält man in der örtlichen Bibliothek.

Führe die Übung möglichst an einer geweihten Stelle durch, in einer Kathedrale oder im Haupttempel, auf einem herausragenden Hügel, auf dem einst ein Heiligtum gestanden hat, oder am Fluss. Andernfalls mache die Übung zu Hause oder an einem anderen ruhigen Ort.

Kontaktaufnahme mit dem Engel deiner Stadt

Werde innerlich still. Lasse dein Bewusstsein über die Stadt hinauswandern und erfasse die Gestalt und die Umrisse des Landes. Betrachte es eine Weile.

Nun führe dein Bewusstsein zurück in die Stadtmitte. Sinne über die

Möglichkeit nach, dass die Aura eines wunderbaren Engelwesens sich über die ganze Stadt breitet und sie einhüllt. Dieser Engel vermag all die Bedürfnisse und Kräfte der Gemeinschaft zu verstehen. Öffne dich still für die Möglichkeit seiner Existenz. Achte auf deine Eindrücke. Sage ihm, dass du dich bewusster mit ihm verbinden möchtest. Bitte ihn, diese Verbindung herzustellen, jetzt oder später. Achte auf deine Empfindungen. Vielleicht sollst du eine bestimmte Stelle in der Stadt aufsuchen und eine Gabe oder Gebete darbringen. Sei jeder Eingebung gegenüber offen.

Wenn du eine Art Verbindung spürst, verschmelze mit dem Bewusstsein des Engels. Dadurch entspannst du dich tiefer und öffnest dich für seine Energie.

Lasse dein Bewusstsein die Stadt so empfinden und fühlen, als wärest du der Engel selbst. Lasse dein Bewusstsein mit ihm in und durch die Stadt gleiten. Achte auf deine Eindrücke. Sei dir vor allem der Parkanlagen, Krankenhäuser, Theater, Museen und Schulen bewusst. Lasse dein Bewusstsein auch dorthin fließen, wo Armut und Gewalt herrschen. Erspüre die gesamte Stadt aus der Sicht des Engels.

Wenn dies erfolgt ist, sei dir wieder der Stadt als solcher bewusst. Dann lenke deine Aufmerksamkeit allmählich in deinen eigenen Körper zurück. Bedanke dich.

Vielleicht spürst du im Laufe der Übung, dass du etwas unternehmen sollst. Erwäge die Eingebung sorgfältig und handle danach, wenn niemand dadurch Schaden nimmt.

Engel der Nationen und Volksgeister

Eine Nation als Ganze besitzt einen Engel, der die Geschichte, Ökologie und Kultur der Menschen in sein Bewusstsein schließt. Aus politischer Sicht sind diese Geistwesen besonders interessant. Die Geschichte hat oft Landesgrenzen gezogen, die nicht im Einklang mit den Volksgeistern stehen. Wenn du auf einer Landkarte einen geraden Grenzstrich entdeckst, kannst du mit Sicherheit davon ausgehen, dass eine militärische oder politische Kraft eine starre Einteilung vorgenommen hat, ohne sich der lokalen Ökologie bewusst zu sein oder sich darum zu kümmern.

Ein leitender Angestellter der Vereinten Nationen bereiste zahlreiche fremde Länder. Auf diesen Reisen pflegte er an seinen freien Wochenenden Workshops zu geben, um mit der Gruppe den Volksgeist zu untersuchen. Die interessanteste Sitzung war seiner Meinung nach in den Siebziger Jahren, als er sich in Südafrika aufhielt. Als die Teilnehmer durch die Meditation geführt wurden, begegneten sie einer Reihe von verschiedenen Geistern, die sich alle aneinander anzupassen suchten. Es gab nicht nur den Engel der Zulu-Nation, sondern auch Engel anderer südafrikanischer Stämme. Es gab auch den Volksgeist der Buren, der mit dem Volksgeist der Holländer in Beziehung stand. Und es gab natürlich auch den Volksgeist der Briten.

Alle diese Engel trachteten nach Harmonie untereinander. Während der Gruppenarbeit fühlten sich südafrikanische Schwarze zu ihrer Überraschung vom Geist der Buren berührt. Die Weißen bewegte ihre Verbindung mit dem Engel der Zulus.

Bevor du die folgende Übung durchführst, um Verbindung zu den Volksgeistern aufzunehmen, betrachte die Sinnbilder und Symbole der Nation, mit der du arbeitest. Es gibt immer eine Flagge, eine Art Hymne und gewöhnlich auch Tiere, Pflanzen oder besondere Orte, die als geschichtlich bedeutsam betrachtet werden. Wirf auch einen Blick auf die Volkshelden und die Mythen und Legenden, die nur zu dieser Nation gehören.

Es kann ein sehr bewegendes und machtvolles Erleben werden, da du dich mit einigen der großen Kräfte, Hoffnungen und Geschichtstragödien in Verbindung setzt, die in der Aura des Engels widerhallen. Solltest du an irgendeinem Punkt davon überwältigt werden, ziehe deine Aufmerksamkeit langsam zurück, lenke sie in deinen eigenen Körper hinein und beende die Übung.

Verbindung zum Volksgeist

Werde innerlich still. Lasse dein Bewusstsein über die Landschaft des Landes gleiten. Siehe sein Ausmaß und erkenne seine Umrisse, Hügel und Berge, Flüsse und Seen. Sei dir seiner natürlichen, aber auch der politischen Grenzen bewusst. Es sind oft nicht dieselben. Erkenne sie und gehe weiter. Nimm das Meer, den Ozean wahr, der das Land vielleicht umgibt. Nimm alle Einzelheiten der natürlichen Gegebenheiten in dich auf. Lasse dein Bewusstsein sanft über das Land gleiten und emporsteigen. Erhaben und aufmerksam erhebt sich eine Wesenheit, die das Land, das sie überstrahlt, genau kennt und liebt. Öffne dich für diesen großen Geist und erfühle ihn. Achte auf deine Eindrücke.

Das mag zu Anfang genügen. Wenn du dich aber dazu imstande fühlst, gehe zum nächsten Teil über.

Lasse deine Aufmerksamkeit sehr sorgsam und langsam in die Vorstellungswelt der Menschen sinken. Gedanken und Ideen sind Energiewolken, die umhergleiten.

Drei Dimensionen begegnen sich hier:

- Der Energiefluss der Landschaft
- Die Gedanken und Vorstellungen der Menschen
- Die Vision, die Liebe und der Bauplan des Volksgeistes, des alles überstrahlenden Engels.

Es handelt sich um ein sehr vielschichtiges und interessantes Energiefeld, über das man nachsinnen kann. Sei entspannt. Achte auf deine Eindrücke und Empfindungen. Erkenne, wie diese drei Dimensionen sich begegnen.

Beende die Übung, indem du deine Aufmerksamkeit zurückziehst.

Zum Schluss beider Übungsschritte kannst du natürlich deine Verbindung zu dem Engel vertiefen.

Anerkenne dankbar seine Anwesenheit.

Erfrage zwei Aspekte, diese Beziehung zu fördern.

- Wodurch kann ich meine Anerkennung sinnvoll und glaubwürdig gestalten?
- Was kann ich unternehmen, damit sich deine Vision für die Nation erfüllt?

Nachdem du beide Fragen in Gedanken gestellt hast, warte geduldig. Achte darauf, was dir durch den Sinn geht. Bewerte die Weisheit deiner Eindrücke. Überdenke sie, und wenn du es für angebracht hältst, dann handle.

Engel der Zeremonie

Die Evolution mancher Geister hat sie zu bestimmten Aufgaben in besonderen Bereichen geführt, wie im Bereich der Künste, der Heilung oder in irgendeinem anderen Feld menschlicher Kultur. Bei der Priesterweihe empfängt der Kandidat neben dem formellen Ritual einen Geist, der zu dieser speziellen Religionsform gehört. Aufgrund der harmonischen Resonanz dieses Deva ist die ordinierte Person nun dauerhaft mit dem Energiefeld und den Ideen dieser Religionsgruppe verbunden. Wenn sie bestimmte symbolische Worte oder Handbewegungen benutzt, öffnet der Geist die Schleusen der religiösen und heilenden Energien, die mit dieser Glaubensüberzeugung in Verbindung stehen.

Die Christenmesse oder Kommunion macht dies deutlich. Der Priester folgt einer bestimmten Wort- und Gebärdenwahl. Der Deva baut die Harmonien der Verbindung auf, und ein echtes Empfinden sakramentalen Segens ist die Folge. Das Gleiche geschieht in vielen anderen Religionen. Das Merkwürdigste an der ganzen Sache ist, dass der Segen immer durchkommt, auch wenn der Priester psychisch und physisch abgesunken ist. Es gleicht einer Karikatur, doch selbst bei einem betrunkenen oder rücksichtslosen Priester wirkt die Zeremonie.

Hier liegt das zentrale Argument in der Diskussion zwischen den katholischen, den christlich-orthodoxen und den protestantischen Kirchen. Die Katholiken behaupten, die protestantischen Priester vollführten nicht die richtige Ordinationszeremonie und erhielten deshalb auch nicht die Einweihung des Deva. Aus diesem Grunde können sie die Kirchenzeremonien nicht durchführen und die richtige Energie und den Segen manifestierten. Sie besitzen ganz einfach nicht die Verbindung zu den Engeln.

Diese bei der Ordination hergestellte Verbindung zu dem Engel wirkt sich sehr stark bei Religionsführern aus, die in einer „heiligen Tradition" stehen. Dabei handelt es sich um Männer und Frauen, die rituell eingesetzt wurden, für ihre religiöse Gruppe zu sorgen und sie zu führen. Bei der Übergabe ihres Amtes übernehmen sie auch die Engel, die sie mit dem Energiefeld der Gruppe verbinden.

Dies kann sich ungeheuer machtvoll auswirken. Wenn man in die Nähe des Dalai Lama tritt, ist man überwältigt von dem Energiefeld, das ihn umgibt. Wenn eine solche Gestalt den Segen erteilt, stammt die entströmende Energie nicht nur von dem persönlichen Geist, sondern kommt von allen Energiefeldern, die mit ihren Engeln verbunden sind. Dennoch kann diese Tatsache zu paradoxen Situationen führen, in denen korrupte Religionsführer trotzdem die Fähigkeit besitzen, eine wunderbare Atmosphäre hervorzubringen und einen brauchbaren Segen zu erteilen.

Tiertotems

Schließlich gibt es Schutzgeister der Tiere, die mit den Menschen zusammenarbeiten. Stammesangehörige haben oft gespürt, dass bestimmte Tiere ein Verhaltensmuster liefern, das sie nachahmen sollten. Ein männlicher Bär ist ein starkes Geschöpf, das sich auf sich selbst verlässt und weiß, dass es im Sommer gut fressen und in den Winterschlaf gehen muss. Ein Elefant hingegen verhält sich trotz seiner Stärke seiner Familiengruppe gegenüber empfindsam und loyal. Tiere besitzen auch ein bestimmtes Verhältnis zu ihrem Lebensraum, und wenn sich ihre Umgebung verändert, passen sie ihre Verhaltensweise an.

Bestimmte Tier- und Pflanzengattungen haben ihre eigenen Engel, die den Bauplan für diese Spezies tragen. Viele Stammesgemeinschaften empfanden mit bestimmten Tieren eine mystische Verbindung und bauten klare und besondere Beziehungen zu deren Engeln auf. Um die Weisheit und Unterstützung dieser Engel zu gewinnen, tragen ihre Priester aus Tierhaut gefertigte Gewänder und ihre Tänze sind den Tierbewegungen nachempfunden. Auf diese Weise stimmten sie sich auf den Totem ein und gelangten in eine telepathische Resonanz mit ihm.

In Peru halten die Matses den „Jaguar-Geist" als ihr Totem heilig. Fast alle Erwachsenen tragen um den Mund eine Tätowierung, die ihnen das wilde „Lächeln" eines Jaguars verleiht. Palmspäne, die Barthaare darstellen sollen, ragen von den Lippen der Männer und durchziehen die Nasen der Frauen. Im Sudan tragen die Priester der Nur immer Leopardenfelle, wenn sie eine Zeremonie durchführen, um die Kraft des Leopardengeistes zu kanalisieren.

Als ich in Marokko lebte, verbrachte ich einige Zeit in einem Dorf, dessen Geist eine Ziege war. Mehrmals im Jahr veranstalteten die Einwohner eine musikalische Zeremonie, bei der einer der Dorfjungen als Ziege verkleidet wurde und als der Geist der Ziege tanzte. Der Junge übernahm diese Rolle meistens mehrere Jahre lang. Männern, die als Junge einmal die Ziege gewesen waren, schrieb man magische Kräfte zu, besonders im Bereich der Fruchtbarkeit. Einer dieser Männer, den ich kannte, war von einer sinnlichen, moschusartigen Atmosphäre umgeben. Als er eine sexuelle Beziehung zu einer Frau einging, die von der westlichen Medizin als völlig unfruchtbar abgetan worden war, wurde sie sehr bald schwanger.

Alle diese Aspekte sind für das Individuum ebenso von Bedeutung wie für die Gruppe. Zeitgenössische Studenten des Schamanismus und der Naturreligionen haben es als nützlich empfunden, herauszufinden, welche Tiergeister im Zusammenhang mit ihrem geistigen Wachstum und ihrer persönlichen Transformation stehen.

Es gibt verschiedene Möglichkeiten, dein Tiertotem zu identifizieren. Im Grunde genommen genügt es, dich nur völlig zu entspannen und dein Unterbewusstsein über die verschiedenen Tiergeister gleiten zu lassen, bis einer in Einklang mit dir schwingt. Dieser Tiergeist wird derjenige sein, der am besten zu deiner Persönlichkeit und deinem Seelenmuster passt.

Deinen Tiergeist finden

Bei dieser Übung kann es zwanzig Minuten lang dauern, bis du dich wohlfühlst. Werde innerlich still und entspanne dich. Stelle dir vor, du schwimmst im schönsten Teich oder See dieser Welt. Die Temperatur ist gerade richtig. Du fühlst dich gut und stark. Mühelos bewegst du dich wie ein Fisch. Unter Wasser zu sein, ist ganz leicht und wundervoll. Schwimme auf den Grund des Sees. Dort wirst du einen Tunnel entdecken. Schwimme durch diesen langen Tunnel. Nach einer Weile öffnet sich der Tunnel in eine warme, wunderschöne Höhle. Tauche aus dem Wasser empor und blicke dich in diesem freundlichen Erdraum um. Am Ende der Höhle befindet sich der Eingang zu einem zweiten, kleineren Tunnel. Bewege dich darauf zu und tritt ein. Vor dir liegt eine Treppe, die nach unten in die Erde führt. Steige sie hinunter. Es fühlt sich warm und interessant an. Nun bemerkst und spürst du etwas Licht und frische Luft vom Ende des Tunnels her. Du verlässt den Tunnel und befindest dich am Rande eines wunderbaren, freundlichen Dschungels. Der Himmel ist blau, und die Sonne strahlt sanft und liebevoll. Betritt diesen Dschungel und warte geduldig. Eines der Tiere dieses Ortes wird kommen und sich dir dreimal vorstellen, jedesmal aus einem anderen Winkel. Das ist dein Totem. Warte geduldig darauf. Akzeptiere kein Tier, das die Zähne fletscht oder sich dir gegenüber aggressiv verhält. Sei für alle Eindrücke offen. Manchmal bekommt man mehrere Tiere.

Solltest du im Dschungel keinen Erfolg haben, wende dich einem anderen Ort zu.

Sei entspannt. Gehe zum Eingang und zu den Stufen zurück, die dich in den Dschungel geführt haben. Gehe durch den Eingang und du wirst einen anderen Tunnel vorfinden, den du zuvor noch nicht bemerkt hast. Betritt diesen Tunnel. Er öffnet sich in eine weite Höhle, erfüllt von guten Freunden und Vorfahren. Entspanne dich mit ihnen. In einer Ecke der Höhle brennt ein rauchendes Feuer, das Schatten wirft. Der Rauch und die Schatten faszinieren dich. Du wirst ganz ruhig und lässt dich davon gefangen nehmen. Aus diesem Dunst tritt ein Tier auf dich zu. Es erscheint dir immer wieder.

Wenn du deinem geistigen Tier begegnet bist, bleibe eine Weile bei ihm. Achte darauf, ob es dir irgendetwas mitzuteilen oder zu zeigen hat. Vielleicht bringt es dir ein Geschenk. Danke ihm und lasse es wissen, dass du es niemals mehr vergessen wirst. Bitte um eine Vertiefung dieser Beziehung. Ziehe deine Aufmerksamkeit zurück. Gehe die Stufen wieder hinauf, bis du in die kleine Höhle gelangst. Tauche in das warme Wasser und schwimme in den wunderbaren See hinauf. Verlasse den See.

Zurück in der Wirklichkeit, dehne und strecke dich und berühre deinen Körper. Vielleicht schüttelst du dich ein wenig. Schaue dich im Raum um. Sei vollkommen gegenwärtig.

Wenn du dein Totem entdeckt hast, kannst du in Büchern und Bildern Näheres über dein Tier erfahren. Schaue dir einige Dokumentationen über die wild lebenden Tiere an und lerne von ihren Verhaltensmustern, die dir in deinem Alltag nützlich sein können. Wenn du bekümmert bist, gehe still in dein Inneres und sinne über deinen Tiergeist nach. Viele Leute finden darin Geborgenheit und Trost.

10
Die Zukunft

Wenn mich Zeitungs- oder Fernsehleute nach einer Geschichte über Engel fragen, bin ich immer sehr vorsichtig. Wollen sie sich lustig darüber machen? Sind sie gierig nach einer Sensation? Meinen sie es ernst?

Heutzutage wird niemand mehr für seine Überzeugungen verbrannt. Die Kirchen haben ihre Macht verloren, die Menschen zu verfolgen. Dennoch bleibt eine Atmosphäre des Unglaubens. Aber sie ist im Begriff, sich aufzulösen.

Das liegt teilweise an der Tatsache, dass die Menschen im Allgemeinen eine neue Freiheit des Ausdrucks und der Erfahrung benötigen. Es gibt heute einfach zu viele Informationen, zu viele Erfahrungen, zu viel bedeutende Kulturgeschichte, als dass man die Möglichkeit einer geistigen Welt leugnen könnte. Die Hauptdynamik des Lebens auf unserem Planeten verlangt, dass wir zur Wahrheit zurückkehren und unser wahres Umfeld erkennen.

Eine Geringschätzung der geistigen Welt ist die Geringschätzung der heiligen Schönheit, die jedem Lebensaspekt innewohnt. Sie führt zu einem krassen und zerstörerischen Materialismus, dessen Auswirkungen nur allzu offensichtlich sind. Eine Rückgewinnung unserer Beziehung zur Welt der Geister ist ein Schritt vorwärts in unserer geistigen Freiheit. Der Animismus war einst eine natürliche, machtvolle Kraft für das Gute. Er gehörte zum normalen Alltagsleben, und es kann wieder so werden.

Wissenschaftliche Rechtfertigung

In der heutigen Gesellschaft wird es als „normal“ betrachtet, wenn man metaphysische Phänomene mit wissenschaftlichen Theorien zu rechtfertigen weiß. Im neunzehnten Jahrhundert freuten sich paranormale und telepathisch veranlagte Menschen über die Erfindung von Telephon und Radio. Über die Technologie konnte die Lehre von den paranormale Kräften und der Telepathie erklärt werden.

Erst vor nicht allzu langer Zeit hat man mit Hilfe der Sprache der subatomaren Physik klassische mystische Erfahrungen gerechtfertigt und erklärt. Selbst wenn die Theorien die mystische Dynamik nicht genau treffen, so liefern sie zumindest eine „wissenschaftliche“ und angesehene Diskussionssprache. Auch in der holistischen Medizin oder Therapie suchen die Leute immer wieder nach neuen medizinischen Erkenntnissen, um zu rechtfertigen, was sie tun.

Die wissenschaftlichen Forschungen und Theorien schürfen sich tatsächlich nach und nach ihren Weg zu den Wirklichkeiten und Erfahrungen, die die Mystiker und diejenigen, die mit der Energie arbeiten, bereits seit Jahrhunderten gekannt und verstanden haben. Es ist wundervoll zu beobachten, wie man den Realitäten näher kommt. Die Newtonsche Weltanschauung hat jedes wissenschaftliche Verständnis, das nicht logisch und verifizierbar war, völlig zunichte gemacht, ist aber langsam veraltet. Besonders die Quantenmechanik und die Theorien über Chaos, Katastrophen und Emergenz geben uns erneut die Freiheit, über die inneren Kräfte, die nicht unbedingt logisch oder mit technischen Mitteln nachweisbar sind, zu denken und zu sprechen.

Chaos-Theorie und Kohärenz

Wo passen die Engel in dieses Theoriengebäude hinein? Im Augenblick sehe ich drei interessante Theorien, die sich einander nähern. Die erste ist die Theorie von Chaos und Emergenz.

Die bedeutendste Erkenntnis im Hinblick auf das Chaos besteht darin, dass sich genügend wahllos verteilte Teilchen plötzlich selbst ausrichten. Im Universum liegt ein Strukturelement, das trotz chaotischer Anfänge und beziehungsloser Faktoren die Dinge in eine kohärente Form bringt – die Sterne in den Galaxien, Händler und Käufer in der Ökonomie, Zellen in Bäumen, winzige Bewegungen in allgemeinen Wellen. Jeder, der die Schönheit eines vom Computer erzeugten, aus Einzelteilen bestehenden Bildes betrachtet hat, wird wissen, dass ein einfaches, beliebig wiederholtes Muster eine allgemeine Form von Schönheit und Integrität bilden kann. Die Dinge bleiben nicht chaotisch. Sie erheben sich in eine kohärente Form.

In einer gegenwärtig unbekannten Dimension zu arbeiten, gleicht einer magnetischen oder anziehenden Wirkkraft, die alle emportauchenden Eigenschaften in Kohärenz bringt. In der wissenschaftlichen Theorie werden diese Wirkkräfte „Attraktoren" genannt. Es gibt im Universum eine Art magnetischer Strömung, die alles in bestimmte Rhythmen, Veränderungen und Erfüllungen zieht.

Es leuchtet ein, dass zwischen diesen Attraktoren und dem Reich der Engel eine gewisse Beziehung besteht. Vielleicht sind die Devas ganz allgemein diese Attraktoren – die Vermittler, die die spezifischen Baupläne für all die verschiedenen Dinge, die im Kaleidoskop des Universums existieren, verwalten.

Morphische Resonanz

Eine neue Theorie spricht von der morphischen Resonanz oder den morphogenetischen Feldern. Ausgehend von der Entwicklungsbiologie, wurde diese Theorie erst kürzlich von dem Biologen und Philosophen Rupert Sheldrake aufgestellt. Er geht davon aus, dass alle Organismen ein unsichtbares Energiefeld besitzen, das sie umgibt, das die Geschichte eines Organismus trägt und mit den anderen morphogenetischen Feldern desselben Organismus kommuniziert.

Diese Theorie kommt der inneren Wirklichkeit sehr nahe. Viele Leute halten sie für sehr wichtig, da sie ein Lebensverständnis zurückbringt, das die anderen Dimensionen achtet. Sie stellt ein mechanisches Evolutionsverständnis in Frage, das fast ausschließlich vom Zufall und äußeren Umständen gesteuert wird, und ersetzt es durch eine kreative, exzentrische und sinnvolle Einstellung.

Im Zusammenhang mit diesem Buch muss aber noch ein Schritt weiter gegangen werden. Diese morphogenetischen Felder sind lebendig und ihrer selbst bewusst. Sie sind in Wahrheit die Devas, Engel und Geister.

Hologramme

Die dritte Theorie bezieht sich auf die Hologramme und David Bohms Vorstellung von einer „impliziten Ordnung". Bohms Überlegung, die durch die Hologramme tatsächlich bestätigt wird, besagt, dass sich alles aus sich selbst entfaltet. Wenn du ein Hologramm zerbrichst, enthält jedes Bruchstück immer noch das Gesamtbild. Aus Bohms philosophischer und mathematischer Sicht ist alles in allem enthalten.

Aus der Sicht eines Engels trifft dies durchaus zu. Aufgrund ihrer harmonischen Resonanz miteinander und mit dem Universum erfahren sie kein Getrenntsein, selbst wenn sie unterschiedliche Rollen spielen. Der geringere Deva befindet sich immer in dem Bauplan des größeren Deva, der seinerseits im Hinblick auf einen größeren und umfassenderen Geist ein geringerer Deva ist.

Außerdem löst das Deva-Verständnis in gewisser Weise das Problem der modernen Wissenschaft, die die Frage stellt, wie alles zusammenhält. Was ist der 'Leim', der Magnet, durch den die Atome, Moleküle, Sonnen und Galaxien zusammengehalten werden? Die gängige Wissenschaft muss einen Riesensprung in ihrem Weltverständnis machen. Sie wird die einheitliche Feldtheorie in einer parallel verlaufenden Welt der Devas finden, die mit der materiellen Welt verbunden ist.

Alle diese Theorien können nur im Zusammenhang mit der Erkenntnis vollkommen verstanden werden, dass es sich bei den Engeln nicht bloß um herrliche, goldene Wesenheiten handelt, sondern um einen wesentlichen Teil des universellen Lebensgefüge.

Gesellschaftliche Rechtfertigung

Das neu erwachte Bewusstsein für die Engel findet seine gesellschaftliche und umweltbedingte Rechtfertigung. Wenn die Leute wirklich etwas wollen und seiner bedürfen, geschehen historische Wunder. Trennende Mauern und totalitäre Regierungen brechen zusammen. Politische Gefangene werden aus den Gefängnissen entlassen und zu Präsidenten ihrer Nationen gewählt. Die extremen Vertreter moderner Medizin geben zugunsten einer weiseren und eher holistischen Annäherung nach. Grobe, unpersönliche Psychologieformen werden langsam durch ein tiefes Verständnis des Menschen ersetzt.

Auch die Achtung vor der Schönheit und dem verborgenen Leben in allen Dingen wächst. Nach fast fünfzehnhundert Jahren entfernen wir uns endlich von einer Kultur des Aberglaubens und der geistigen Manipulation. Wir leben in einem neuen Zeitalter frei fließender Informationen. Telephon, Computer, freie Medien und das Internet bedeuten, dass nun offene Debatten über unnötige Autorität und Bigotterie in unsere Kultur Eingang finden. In dieser offenen Arena freier Information werden Aberglaube und Spinnerei herausgefordert; und gleichzeitig wird die unterdrückende Kultur, die die Geister verspottet, selbst verspottet werden.

Die natürliche Annahme der geistigen Welt wird Gesellschaft und Kultur beflügeln und schöpferische Möglichkeiten fördern, die sozialen und ökologischen Probleme unserer Zeit zu handhaben. Die Grundlage dieser Unterstützung wird in der heiligen Achtung und der weisen Einstimmung hinsichtlich aller Menschen- und Naturgemeinschaften liegen. Die Landschaft, das Pflanzenleben und alle Geschöpfe werden geehrt werden. Die Städte und Großstädte werden blühende, kreative Gemeinschaften sein.

In seiner Anthologie „Devas and Men“ vergleicht A.E. Wodehouse die Beziehung zwischen Devas und Menschen mit Kette und Schuss beim Weben. Eine Reihe von Fäden läuft von oben nach unten, während eine andere von Seite zu Seite eingewoben wird. Kein Tuch wäre ohne dieses miteinander Verwobensein möglich.

Die Arbeit der menschlichen Schöpfung besteht nicht darin, das Deva-Gewebe zu ersticken und zu verbergen. Die Gesundheit und das Leben aller Künste und Institutionen der Menschen, ihre Religionen und Zivilisationen werden fast ausschließlich darauf beruhen, wie stark die zugrunde liegende Kette durchschimmern darf. Denn wenn die Fäden der Devas zu schwer überlagert werden und wenn dabei ihr leuchtendes Leben und ihre Farbe erstarrt und verborgen bleibt, wirkt sich eine solche Überlagerung durch den Menschen verheerend aus. Sie ist das unfehlbare Merkmal des Verfalls der Künste und der Zivilisation, der Korruption und des Verfalls der Religion.

Psychologische Unterstützung

Die psychologische Förderung einer Wiedergeburt des Animismus ist ebenfalls gewaltig. In gewissem Sinne handelt dieses gesamte Buch, besonders die Kapitel über Heilung und über die Engel, die der Menschheit helfen, von diesem Aspekt.

Wie jeder andere Lebensaspekt sind wir dazu bestimmt, uns selbst zu erfüllen und unser wahres Potential zu verwirklichen. Das unterscheidet sich durchaus nicht von einer Blume oder einem Sternensystem. Aber die Menschen sind vielschichtige und empfindsame Geschöpfe. Wir haben Mühe, unser Bewusstsein über die Überlastung und die Reize des Alltagslebens zu erheben. Es fällt uns schwer, mit unseren Herausforderungen, Frustrationen und Krankheiten fertig zu werden. Unsere Emotionen und unser Geist lassen sich leicht überwältigen. Aus diesem Grunde verhärten wir uns oft, um zu überleben. Wir scheinen kaum eine Wahl zu haben. Entweder wir brechen zusammen oder legen unsere Rüstung an und überleben.

Ein Verständnis für die inneren Welten, der Beginn einer Beziehung zu den Geistern, schenkt unserem Leben eine neue Dimension. Wir fangen an, neue Farben, Klänge und Gefühle wahrzunehmen. Eine neue Schönheit und eine neue Kreativität treten in unser Leben.

Die Engel bringen nützliche Eigenschaften mit sich, ohne das übliche menschliche Beiwerk. Es gibt kein Verurteilen, keine Angst, kein Bedürfnis nach Genugtuung. Die Menschen bedürfen des Trostes, der Erfolge sowie der Liebe jetzt. Zu warten, erweist sich als schmerzlich. Devas, die den vollendeten Zyklus von allen Dingen sehen, haben kein Empfinden für die Zerrissenheit in der Zeit. Dennoch existieren sie in ihrer Fülle neben uns. R.J. Stewart schrieb ein hübsches Gedicht mit dem Titel „The Fairy Folk“:

Wenn ich meine Menschlichkeit verlöre,
Welche Verlockung würde ich wählen?
Der Engel ewige Stimme in den Sternen,
Oder das Elfenvolk, unsterblich inmitten der Blumen?

Die Engel singen von grenzenlosem Licht und unendlicher Freude
Und dem Flug des Geistes zu höherer Wiedergeburt.
Das Elfenvolk ist auf dem Land
Und liebt die heilige Erde.

Wach sein wollen

Ich möchte, dass die Menschen die Schönheit und das Wunder des Lebens sehen und fühlen. Wenn jemand diese Achtung und dieses Staunen empfindet, wen kümmert es da, ob er an Engel glaubt?

Die wirkliche Herausforderung besteht darin, einen Weg zu finden, sich von der Welt der Engel verzaubern zu lassen und gleichzeitig voll im Alltag zu stehen.

Eine Trennung zwischen den beiden Formen der Bewusstheit scheint natürlich zu sein, ist es aber nicht. Sie wird von dem Kulturkreis, in dem wir aufgewachsen sind, hervorgerufen. Denke beim Autofahrer nicht an Engel -

oder du wirst einen Unfall bauen! Vermeide eine Einstimmung auf die Wirklichkeit der Devas, wenn du ein Geschäft führst - oder du wirst für naiv gehalten und gehst Bankrott! Aber das ist alles Unsinn. Eine Einstimmung auf die geistige Welt bedeutet, in der dreidimensionalen, materiellen Welt zu stehen und gleichzeitig immer um die anderen Dimensionen zu wissen und sie zu spüren.

Aber wenn wir unsere Aufmerksamkeit der Deva-Wirklichkeit zuwenden wollen, heißt das, einen anderen Gang einzuschalten, uns in eine andere Schwingung und Stimmungslage zu versetzen. Das ist nicht leicht. Wenn wir erst einmal in den gewohnten Gleisen fahren, werden wir abhängig davon. Sich von den rauen und raschen Schwingungen modernen Lebens in eine anmutigere Stimmung zu erheben, ist ebenso schwierig, wie irgendeine andere Sucht, sei es Nikotin, Alkohol oder Zucker, aufzugeben.

Ein großer Teil der Feindseligkeit Engeln und Menschen gegenüber, die sich für diese interessieren, stammt von jenen Leuten, die unbewusst wissen, wie schmerzlich eine Gemütsänderung und eine Anerkennung der Deva-Magie für sie sein würde. Manchmal kann man fühlen, wie ihr Körper und ihr Geist geradezu schreien, diesen Wandel niemals vornehmen zu können. Aber sie könnten es natürlich.

Die Gemütsverfassung, die uns an die Rauheit des Alltagslebens gewöhnt hat, kann oft leicht gezähmt und in eine sanftere Spur gelenkt werden. Aufgrund ihrer unterschiedlichen Aktivitäten bewegen sich die Menschen in verschiedenen Gemütslagen. Es ist eine große Herausforderung, in dieser Stimmung zu bleiben, wenn du in den Alltag zurückkehrst. Wie kann man das bewerkstelligen?

Es bedarf einer klaren, bewussten Entscheidung, für die geistige Dimension wach zu sein und sich mit ihr zu verbinden, ihre Schönheit und Magie zu sehen. Es bedarf der Entscheidung, sich aller Sphären bewusst zu sein, nicht nur der gesellschaftlichen Dimension allein. Die zugrunde liegenden Realitäten verschwinden nicht einfach, nur weil du sie nicht wahrnimmst. Sie sind immer da. Dein Körper besteht immer noch aus Elementalen, selbst wenn du mit dem Auto fährst, spülst oder im Büro sitzt. Die Landschaft wimmelt von unsichtbarem Leben, das tanzend und glitzernd im universalen Zusammenhang sein Dasein hat. Die Geister der Stadt halten harmonisch ihre Vision von Vollkommenheit. Die Musen inspirieren. Die Heilengel überstrahlen und führen. Es ist alles da, gleichgültig worauf sich dein Bewusstsein konzentriert.

Man braucht sich nur zu erinnern, man muss nur wach sein.

Möchtest du dich an diese Wirklichkeit erinnern? Stelle dir jetzt diese Frage. Wenn du sie bejahst, gelobe in diesem Augenblick, dich zu erinnern. Werde dir aller Engelreiche bewusst, vom einzelnen Atom bis zum Kosmos, und versichere, dass du dich erinnern und wach sein wirst und zur Zusammenarbeit bereit bist.

Welche Hilfe brauchst du? Es ist so einfach für uns, zu vergessen und in den Schlaf des nicht Bewussten zurückzugleiten. Vielleicht benötigst du ein Ritual, um deinen Tag zu beginnen. Du magst eine Kerze anzünden oder dem Geist deines Hauses oder deiner Stadt eine Gabe darbringen. Vielleicht verlangt deine Küche, dein Büro oder dein Auto nach einem Bild, einer Figur oder einem Gegenstand, der dein Erinnerungsvermögen unterstützt.

Dieses ist nun die letzte Übung.

Verpflichtung und Hilfe

Werde innerlich still und sinne in der Stille über die Bedeutung, Schönheit und Kreativität dieser inneren Welt nach. Finde etwas, das dir hilft, dich stets zu erinnern und immer wach zu sein. Du kannst deinen Schutzengel um Hilfe bitten. Du kannst alle Geister um Hilfe bitten. Und du wirst sie erhalten. Bringe deine Dankbarkeit zum Ausdruck.